脱力のプロが書いた!

「動き」の新発見

八光流柔術・三大基柱拾段師範
広沢成山

BAB JAPAN

はじめに

「身体の中で脳が一番偉い」「脳が身体を動かしている」と思われがちですが、本当に脳が身体を動かしているのでしょうか。いや、もしかしたら身体が脳を動かしているのかもしれません。

嬉しいこと、楽しいこと、悲しいこと、辛いこと。人生の中でいつだって自分を支えてくれたのは「身体」でした。人は十人十色、一人一人違いますし、身体だって百人いれば百人違います。自分の身体を知れば知るほど他の人との身体の違いも知り、その違いには優劣があるのではなく、それが一人一人の個性であることに気づきます。

「悲しいから泣くのではない、泣くから悲しいのだ」という心理学者による有名な言葉があります。緊張している時に「落ち着け、落ち着け」と心に思うよりも、深呼吸したり身体をほぐしたほうがリラックスできるというのは、誰でも経験したことがあるはずです。

身体を使うのは、スポーツや武道のような運動だけではありません。日常の全ての活動はもちろん、場を感じる、空気を読む、息を合わせる…。家族や友達、仕事の仲間など、あらゆる人との関わりの中でも、身体はとても大きな役割を持っています。

人生100年時代を生き抜くためには健康は欠かせませんし、その健康を維持するためにも身体はとても大事です。この本ではそんな身体について、多くの方に興味を持っていただけるように、なるべくわかりやすく書いたつもりです。

運動などに関する本というのはどうしても専門的な内容になりがちですが、スポーツも武道もやったことないし、運動だってあまり興味がないという人にもぜひ読んでもらいたいと思います。「へー、身体って面白いな」と思ってくれたなら成功です。「身体を動かしてみようかな」と思ってくれたなら大成功です。

身体の使い方には、たった一つだけの正解があるわけではなく、先ほども言ったように十人十色、一人一人が違う色の身体と感覚を持っています。大事なことは「身体から」始めるということです。

人から言われたことじゃない、頭で理解したことじゃない。本当に大事なことは、まず自分の「身体から」感じ取ってください。あなたの色は赤ですか、青ですか、それとも白ですか。自分の色を見つけましょう。それがあなたの「身体カラー」です。

CONTENTS

第3章 動ける身体《karada》 77

第4章 動かさない身体《karada》 119

第1章

学べる身体《karada》

人生100年時代の身体

人生100年時代を迎えるにあたって、仕事や生き方等の人生設計も今まで以上に長期的に考える必要が出てきましたが、そのために何よりも必要なのは「身体」です。

日本は世界でも長寿国として有名ですが、長寿=健康という単純な図式は当てはまりません。「元気に自立して過ごせる期間」が健康寿命ですから、日本における平均寿命と健康寿命との差が約10年あるというのは、人生の最後の10年はほぼ寝たきりの状態になっている人が多いと言えます。

これからはさらに長生きする人は増え続けていくでしょうが、それでも人生が無限に続くわけではありません。いつ終わるかは誰にもわからないからこそ、大事なのは寿命の長さではなく、自分に与えられた人生をどのように生きるかという質です。充実した人生を積み重ねた結果が100年なら素晴らしいし、もっと短くても日々が充実していれば自分の人生に悔いは残りません。

多くの人は老後の心配をしていると思いますが、将来のことなんてあんまり心配してもしょうがないのです。10年後の世の中は、全く想像できないことが起きるのです。数十年前は、インターネットやスマートフォンが常識になっている今の世の中なんて、全く想像することさえできなかった世界なのですから。

まだ起きていない未来を不安がってもしょうがないのに、未来に不安や恐怖を感じている人というのは、不眠症になったらどうしようと心配しすぎて眠れない状態のようなものです。

人生は無計画のほうが良いということではなく、将来がどうなるかわからないからこそ、できる準備はするし計画も立てる。ただし、人生に予想外の出来事が起きた時に、身軽に方向転換ができる行動力も必要なんです。

人生は一度きり、わからないことがあっても試行錯誤しながら進むしかありません。人間は失敗や成功を繰り返すことで成長するのですから、慎重になりすぎて何の行動もとることができなければ、失敗も成功もありません。将来の不安を頭で考えすぎて動けなくなってしまっては、試行錯誤ではなく思考錯誤です。

老後の資金の不安から投資をする人も多いと思います。ある株を買う場合、何を基準にしてその株を買うかと言えば、将来性です。1万円の株がいつか1万円よりも高くなることを期待するわけです。当然ながら、1万円より安くなるのを期待して株を買う人はいません。

これが単純に貯金ということであれば、金利がほぼ0の今は1万円はあくまでも1万円の価値しか生み出しません。極論すれば貯金というのは現状維持、そして何の変化ももたらさないものです。

投資というのは、価値が下がるというリスクも含めながら、大きな変化をもたらす可能性があるものと言えます。良い時も悪い時もある、でも無限の可能性を秘めています。

それって人生と同じですよね。つまり自分自身も株みたいなものなんです。自分株というのは、一度手に入れたら一生手放すことができません。自分株を成長させれば、周りの人たちが自分に投資をしてくれるようになります。

逆に、自分自身が何も変わらないでいれば、周りは誰も期待してくれないし投資対象と見てくれません。

お金はお金そのものの価値以上のものは生み出しませんが、人間は0から無限まで新たな価値を生み出す可能性を持っているのです。

人生100年時代を迎える今だからこそ、自分自身が何かを生み出せる力を身につけることが大事です。そして、それらの全ての基礎となるのが身体なんです。

身体を使った仕事はもちろん、頭を使う仕事であってもそれをするのは自分の身体です。知識や経験を積むのも、いざという時にも迷わず判断できるための行動力の鍵を握るのも、身体なのです。

将来のために蓄えるのは、まずは「金力」よりも「筋力」です。

将来に必要なのは、「金力」よりも「筋力」

今日、身体を大事にすればその結果は明日につながるし、今日、身体を軽視すればそのツケも明日にもちこされます。

自分の残りの人生がどれくらいあるのかは誰にもわかりません。長いかもしれないし短いかもしれません。それでも人は死ぬまでは生きているのだから、病気になるのを心配して病気になる前から病人になる必要はないのです。

生きていれば寿命はあるし、病気や怪我だって全てを避けることはできません。人が死ぬリスクなんて、生きている限り何をしていてもいつでも起こるのです。

だからこそ、死ぬその日まで何かを生み

自分株に投資しよう

出せる人生をおくりたい。自分の外に価値観を置き、自分の身体のことに無関心でいられる時代は終わりました。これからは自分の身体に投資する時代です。自分自身が価値を生み出すことができれば、人生100年時代も恐れるに足りません。

さあ、自分の株を上げましょう。

知らないを知る

人間は生きていれば、仕事、恋愛、家庭、お金、といろいろな悩みを抱えます。悩みの数というのは無限にありますが、それらの悩みを掘り下げていくと、実はたった一つの原因にたどり着きます。

それは「対人関係」。

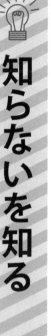

そんなことはないと言う人もいるとは思いますが、もし人と全く関わりのない世界にいたとしたら、今自分が抱えている悩みは本当に悩みになるのか考えてみてください。

そう考えてみると、人付き合いの悩みはもちろん、お金の問題や自分自身へのコンプレックス、社会への不満など、どれも自分しかいない世界では悩みとして成立しないものばかりだと思いませんか？

だったら、誰とも関わらないで一人で生きていくのが一番良さそうですが、我々が生きているこの世界は人と人とのつながりによって成立しています。だから誰とも関わりがない、社会とのつながりがないという孤独感も、また人間にとって悩みになるのです。

人とのつながりが悩みになるし、人とつながらないことも悩みとなる。生きている限り、人との関わりからは完全に離脱することはできない。だからこそ、より良い人生を

人との関わりが悩みになるし

人との関わりがないことも
悩みになる

生きるためには、人と上手につながることがとても重要になるのです。

他人との関わり方がうまくいかない原因の多くが、「わかっている」という思い込みです。あの人はきっとこう考えている。世の中の人間はこう思っている。あんなことをするのはきっとこう考えているからに違いない。そんなふうに他人の思考や言動を勝手に決めつけているから、想像に反するとがっかりしたり悩んだりするのです。

同様に、自分の考えを他人が知っているわけでもないのに、自分が考えていることは他人も同じように考えているはずだと思い込みます。だから、こんなことをすれば相手は喜ぶなと思ってやったことで相手が無反応だと、「何で喜ばないんだ」と怒ったりします。

ネットの世界でも、自分の考えと他人の考えが違うことに怒りをぶつけてくる人も多いです。しかし、他人の考えていることを全て理解することはできないし、自分の考えを相手に理解させることもできないとわかっていれば、無駄に感情を揺り動かされることも悩むこともなくなります。

人はわかっているつもりで、わかっていない

ギリシアの哲学者ソクラテスは、数多くの知識人は何でも知っていると言いながら実はよくわかっておらず、自分もまた多くのことがわかっていないが、わかっていないことを知っているだけまだマシであると考えました。

これを「無知の知」と言いますが、知らないことを知るということは、人と関わる中ではとても大事なことです。スポーツでも武道でも身体を動かしている人なら、誰もが自分の身体は自分の思ったようには動いてくれないということを感じると思います。

「足の小指を動かしてください」「上腕三頭

筋だけを緊張させてください」「背骨の骨の数はいくつですか？」「自分の骨盤を絵に描いてください」「今から1分間、ピンクのゾウのことだけは考えないようにしてください」

自分の身体も思考も自分の思うようにはコントロールできないし、知らないことがたくさんあります。身体を使いこなすためのトレーニングを続けていくと、自分の身体をいかに知らなかったかということを実感します。

自分のことですらよくわかっていないのだとしたら、他人のことなんてわかるはずもありません。自分の身体を自由にコントロールできないように、他人の身体はなおさらコントロールなんかできないのです。それを知れば、他人に対する「こうあるべき」という思い込みはなくなり、結果、「人間関係の悩み」の多くから解放されるのです。

私は自分自身の経験や多くの方に身体の使い方を指導してきた経験から言っても、自分の身体と丁寧に向かい合える人は他人とも丁寧に向かい合えるし、他人との衝突やトラブルは確実に減っていきます。

「立つ」「歩く」といった誰でも当たり前にできるようなことが、実は自分は全然できて

頭ではわからないことも、腑に落ちればわかる

いなかったことを知り、当たり前が当たり前じゃないことを実感するのです。すると、あらゆる人間関係においても、「当たり前」「常識」「わかっている」といった今までの思い込みが外れて、よりニュートラルなコミュニケーションが取れるようになるのです。

こういったことを頭だけで理解しようとするのは難しいでしょう。それこそ「頭ではわかってるけど…」という状態です。しかし、身体で理解した時は、頭を通り越して内臓である腑に落ちます。こういう状態を「身につく」というんです。

今日が最良の日

何かを始める時につい思ってしまうのが「今さら…もう遅いし」という考え。気持ちはわかるけど、それをやらない理由にしてはいけません。
うちの柔術道場に78歳で入門された方も、稽古を始めた頃は「せめてあと5年早く始めていたら」なんて言っていましたが、地道に稽古をしてきて8年以上過ぎた今は、身体の動きは全くと言っていいほど変わり、今では「あの時に入門を決意して良かった」と言っています。

どんなことでも同じです。何かを始めようとした時に、「遅い」というタイミングはありません。始めようと思ったその時が、全てのスタートなのです。どうしようこうしようといって何もしないで過ごした10年と、実際に始めた10年は全く違うものになるのです。

例えば、あなたはあることを実行しようと思っていたのに、今からやるのでは遅いなと思ってそれをせずに5年過ごしてしまいました。その時、あなたは「やっぱり5年前に始めていれば良かった」と思います。

そんな時は、時間をさかのぼって5年前に戻ることができたらラッキーですよね。もし本当にそんなことができたならば、今度はあなたは本気でそれに取り組むでしょう。

……はい。

今のあなたは、5年後の未来から来たあなたです。つまり今この時が、その5年前です。始めるのはいつだって「今」です。そして今日始めれば、どんな小さなことでもそれは積み重ねていけますが、始めなければ何も変わりません。

何かを始めるのは寿命を迎える前日だとしても、その1日分がその人にとっての成長となるのです。

この本を読んでいるあなたが、5年前に戻りたい、10年前に戻って何かを始めたいと思っていても、それはかないません。あなたにできることは、「今」から始めることだけです。

何かやりたいことを考える時に大事な視点は、過去を振り返ることではなく、未来から今を見ることです。多くの人が何かを始めようとした時、「あ〜、5年前に始めてれば今頃なあ〜」と考えてしまいます。しかしいくらそう考えても、実際に5年前に何もしていないのが今の自分です。

そうすると、何も成し遂げなかった5年間という挫折感が生まれてしまいます。人はこうやってやりたいことをあきらめてしまうのです。

そうじゃない。そういう時は未来から今を見てみるのです。何かを始めたいと思った時に、5年後にそれができるようになった自分をまずイメージする。できている自分が5年前を振り返っているとしたらどうでしょう。すると、今の自分がそれに近づくための行動を起こしている姿が見えるはずです。

すでにできている未来の自分から今の自分を見るのでしたら、やらないという選択肢はありません。ただそれを始めるだけです。

過去を見るのではなく、未来から今を見る

人生というのは、大きく見れば、生まれてきたスタートから始まり、死というゴールを迎えます。そういう意味では、人にとって一番遠くの未来というのは死の瞬間です。だから、その死の瞬間が最高のものであるという視点を持つ。

「いい人生だった」、そう言って死んでいく自分をイメージして、その未来の自分から「今」の自分の姿を見るのです。そうしたら、死ぬ瞬間に「いい人生だった」と言えるための日々の行動は、まさにたった今から始まるのです。

過ぎた過去を悔やんでもしょうがない、起きていない未来を悩んでもしょうがない。自分が望む未来を作るために積み重ねられるのは「今」だけ

生きる目的とは、人生最後に「いい人生だった」と言えることなのかもしれない。

です。

健康を保つこと、またそのためにすることを「養生」といいます。誰もが平等に年をとっていくのです。生きていく中で、病気をしたり怪我をすることを完璧に避けることはできません。だからこそ、日々養生ができていれば、多くの病気や怪我に関しては未然に防ぐこともできるし、もしそれが起きてもやるべきことをやった上なので、すんなりと受け入れることができます。

普段から養生ができていない人が病気や怪我をすれば、「ああ、もっと健康に気をつけていれば良かったな」という後悔が残ります。

人間というのは、やってしまった後悔より、やらなかったことのほうが強く悔やまれるのです。私のとても好きな言葉に、作家の五木寛之氏の「明日死ぬとわかっていてもするのが養生」というのがあります。

養生を続けていればより楽しく、より健康で生きることができます。人生の長さだけは誰にもわかりません。数十年後、数ヶ月後、いや明日の自分だってわかりません。だからいつ何が起きても良いように、日々の養生を続けるのです。

日々の養生をしっかりこなしていれば、ある日突然、健康のために何かしなくちゃと慌てることはなく、ただ自分の寿命がくるのを待つだけです。極端な話、いつくるかわからない死を後悔なく受け入れることができるならば、日々の不安はなくなります。

養生テープマン参上！

できなかった過去を悔やんでもしょうがありません。中国のことわざにこんな言葉があります。

「木を植えるのに一番良いタイミングは20年前だった。だが二番目に良いタイミングは今だ」

さあ、始めましょう。

3日坊主のすすめ

今、世の中はあらゆるジャンルにおいてインスタントなものが望まれており、「誰でも簡単に身につけられる」というキャッチフレーズによるセミナーやスクールもたくさんあります。

誰でも気軽に始めることができるようになったという意味では良い面もありますが、技術というのは簡単に身につけられるモノではありません。

整体やマッサージなどの治療の世界でも、簡単に身につけられるというのをうたったセミナーは多いですが、1日で身につく技術って、正直な話、その程度の技術なんです。講師の方が10年かかって身につけた技術を、「たった1日で伝授して使えるようにします」という宣伝文句が本当の話なら、そのセミナーを受けたあとは、その講師とセミナー受講者は同じ技術レベルになります。

しかし冷静に考えれば、1日で身につけた技術と10年かけて身につけた技術が同じであるはずがない。もちろん1日で身につけられる技術だってありますが、それが本当ならその技術は当然ながら他の人も1日で身につけます。

そういう意味では、治療家としてレベルアップしたいと考えている人が、すぐに身につけられるセミナーに出ても、その技術はあとからセミナーを受けた人にすぐに追いつかれる技術です。

インスタントラーメンは結局、誰が作っても同じ味にしかならない。

技術というのは、それを身につけることで他の人と差別化されるものであるはずなのに、これではいくら身につけてもどんぐりの背比べのようになってしまうのです。経済用語では、こういった似たり寄ったりのものが増えすぎて特殊性がなくなることを、コモディティ化といいます。

結局のところ、「すぐに役に立つようなモノは、すぐに役立たなくなる」のです。鍼灸を10年やり続けた人と、様々な治療技術を1年ずつ習って10年やった人のどちらが技術的に上達しているかと言えば、鍼灸だけを10年やっている人のほうでしょう。

いろいろなモノの良いところをミックスするという方法もないわけではありませんが、一つ一つの技術をしっかりと身につけないでいろいろなことを学んでも、中途半端になる危険性はとても高いと思います。

物理学者のニールス・ボーアが「専門家とは非常に狭い分野で、ありとあらゆる失敗を重ねてきた人間のことである」という言葉を残しています。技術の身につけ方に絶対正しいという方法はありませんが、いろいろと手を広げていくよりも、限られた範囲で技術を磨き続けるほうが良いと思います。

10年かけてたどり着いた技術は、他の人にとっても10年かかる技術です。他人と差別化したい何かを身につけたいのなら、「技術」よりもそこにどれだけの「時間」をかけたかということのほうが重要です。

そして、その時間を費やす分野をしっかりと定めることも非常に大事です。自分の分野を定めることができずにあちらこちらと気が散ってしまう人には、専門分野がなくて気分屋になるだけです。

とはいえ、「何をやっていいかわからない」「自分の好きなことが見つからない」「自分に向いていることがわからない」、そんなふうに考える人も多いです。

しかし、そういう人たちの共通点は「何もしていない」です。目の前にたくさんの料理があり、その料理のどれが自分にとって美味しいか不味いかは、どうすればわかるのでしょうか？　そう、食べることです。

できない、わからないと言っている人は、それらの料理を目の前にしながら食べずに、「どれが美味しいかわからない」「どれが不味いかわからない」と不満だけ言っているようなものです。

まずは考えるよりも味見しようとする行動が大事なんです。「美味しそう」「不味そう」と言うだけでは、本当に美味しいモノ、または本当に不味いモノは見つかりません。一口食べて口に合わなかったら食べるのをやめれば良い。「やめる」という行為に罪悪感を感じる必要はありません。

3日坊主というのは、途中でやめてしまうマイナスのイメージがあるけど、本当に自分の口に合うモノを見つけられる人は、この3日坊主タイプなのです。自分にとって何が合っていて何が合っていないのかを確認するには、まずやってみるのが一番です。

食べなければ、美味しいものには出会えない

仕事一つでも、自分に合っているかどうかなんてのは、やらずにわかるはずがない。やってみて自分に合っていればそれで良いし、合っていなければ合っていないことを確認できれば良いのだから、結果はどちらでも良いのです。

たくさんの料理を口にすれば、美味しいモノを食べられる可能性が広がると同時に、口に合わない不味い

3 日坊主も 50 人集まれば、150 日坊主になれる

料理を食べることも多い。本当に美味しいモノに出会うためには、それと同じくらい、いや何倍もの不味いモノに出会う必要があります。

成功というのは、失敗の量によってこそ生まれるわけです。だからこそ、3日坊主というのは行動力がある人の言葉なんです。さあ、まずは3日坊主から始めましょう。

「始める」習慣

「3日坊主のすすめ」なんてことを書きましたが、何かを本気で身につけるなら、やはりそれを継続させなければいけません。継続には目標を達成させるための努力も必要です。「でも、その努力が続かないから3日坊主なんだよー」という無限ループに陥りそうです。どんなつらい目標でも黙々とこなせる人であれば何の苦労もありませんが、何かを我慢してやるというのは本当につらい。だからこそ継続にはコツが必要です。

継続のためのコツの一つは、「意思力をあてにしない」。

物事を継続させるためには強靱な意思力が必要、と思っている人も多いと思います。しかし、これは必要ない、というか無理なんです。

一杯のつもりがいっぱいに…

明日は早いから今日の
飲みは一杯だけな
1時間後
ガハハハ、美味しー

人間は基本的にそれほど意思が強くないし、ちょっとした誘惑に簡単に負けてしまうものです。大事なのは、自分の意思は弱いということをまず理解したところから始めることです。逆に、「俺は意思力が強い」なんて思っている人ほど失敗しやすいのです。

例えば、お酒を控えようと考えた時に、意思力が強いと思い込んでいる人は飲みに行く前に言います「明日は早いから、今日はお酒は一杯だけにするよ」と。でも、飲み始めてその言葉が守られることはまずありません。お酒好きな人の目の前にお酒があれば飲むでしょうし、それは当たり前だと思います。

対して、自分の意思力が弱いと思っている人は、「飲みに行くとお酒を飲んでしまうから、今日はやめとくよ」と言います。これなら当然お酒を飲まずにすみます。この違いはとても大きい。

人間はとても誘惑に弱いのです。大好きなものを目の前にした状態で我慢をするというのはとても大変だし、ものすごいストレスになります。それだったら最初から目の前になければ、我慢する必要もないしストレスにもなりません。

継続のためのコツの二つめは「なるべく簡単なことから」。

例えば、読書をしようとして「1日1時間読むぞ！」という目標で始めたとしても、もしそれが数日しか続かなければそれで終わりです。しかし、本を「毎日1ページだけ読むぞ」という目標にして1ヶ月続けられたなら、そのほうが継続という点では成功です。

習慣化というのは、毎日のスケジュールに何の気負いもなく組み込まれたモノでなくてはなりません。

目標「毎日1時間読書をする」

目標「毎日1ページ読む」

そのためにも、ほんのわずかでも毎日自然に続けられるような方法を考える必要があるのです。毎日1時間読み続けるのはかなり気合いが必要ですが、毎日1ページくらいなら何とかなりそうです。1時間を5日間よりも1ページを1ヶ月のほうが大事なんです。

「そんなんじゃ本が読み終わらないよ」と思うかもしれませんが、大事なのは読み終わることではなく、読むという習慣をつけること。そういう意味では目標を「1日1ページ」ではなく「毎日、本を開く」でも良いくらいです。

読書をもともと全くしない人は別として、前はよく読んだけど最近は読まなくなった人は本を読むこと自体が面倒なのではなく、本を手に取って開くことが面倒なのです。

スポーツジムに入会しても通わなくなるのは、運動するのが嫌なのでしょうか？　いや、そういう人でも運動して汗をかいたら気持ち良いというのはわかっているし、実際にスポーツジムに行った時は「運動して良かったー」と思うはずです。

それなのに、段々スポーツジムに行かなくなるのは、運動が面倒なのではなくスポーツジムに行くのが面倒になるのです。人間が面倒くさがって習慣化できなくなる理由というのは、その行為そのものが面倒なのではなく、その行為に手をつけ始めるのが面倒になるのです。

人間の意思力は弱い。でも、その習性がわかっていればこちらのもの。「始める」という部分を習慣化してしまえば良いのです。

読書に関しても、まずは本を開くという習慣をつけて読み始めてしまえば、1ページ読めば、2ページ目も読みたくなるのです。もちろん、時間がない時は1行だけでも構わない。そうやって本を開くことが続けば、いつの間にか自然に本を読み始めるようになるのです。

運動に関しても、具体的な運動メニューを考えるよりも運動をスタートすることを習慣化させるようにします。

私自身は朝のトレーニングが習慣化していますが、このトレーニングも最初からやるメニューを決めていたわけでなく、最初は何となく手をブラブラさせて身体をほぐして5分くらいで終了。毎日やっているうちに、じゃあ肩も、首も、とやることが増えて工夫しながら身体を動かしているうちに、いつのまにか2時間かかるようになったのです。

これがもし最初から、2時間のトレーニングという目標を掲げていたら、絶対うまくいかなかったでしょう。

習慣化には「朝イチ」というのもとても有効です。日中や夜だとやる時間が不規則になったり、時間を作るのが難しかったりします。まして仕事などで忙しかったりすると、今日は疲れたからと、やらない理由が出やすくなってしまいます。

しかし、朝起きてすぐというのはそういった阻害要因がありませんので、それをやらないと朝が始まらないというくらいに習慣化しやすいです。

どんなことを持続するにも、まずは「する」ことよりも「始める」ことの習慣化を目指しましょう。

成功の鍵は失敗にあり

どんなことでも始めた時は皆、初心者です。最初は上手にできることよりも失敗することのほうが多いのは当たり前ですが、人間の心理としてはどんなことでも上手にできたら嬉しいし、失敗したら悔しい。

だから運動やスポーツなどにしても、何かを習い始めた時はなるべく失敗したくないと思うかもしれませんが、失敗をしないで上達することなんてまずありません。むしろ失敗を重ねることが、成功に近づくための大事なプロセスなんです。

多くの人は失敗を避けたがりますが、「失敗を避けるというのは、成功から遠ざかる」ということです。


「風が吹けば桶屋が儲かる」という言葉があります。風が吹くと砂埃が舞い、目をやられた盲人が増え、三味線を生業とする人が増えます（昔の盲人の職業）。三味線の材料となる猫の皮が必要なので猫が町からいなくなり、ネズミが増えます。増えたネズミが桶をかじるので、桶屋が儲かるという話です。

冷静に流れを見ていくとかなり無理があるし、風が吹くことで必ず桶屋が儲かるわけでもありません。でも世の中の多くの人が、この考え方の落とし穴にはまりがち。わかりやすい例は、成功法則の本を読んでその通りにやれば成功すると思っている人です。
ところが、そこに書かれている方法で成功する可能性はとても低いでしょう。成功者が本で書いていることは「風が吹けば〜」ではなく、成功した結果をさかのぼって、そうい えば風が吹いて…と論理づけているだけだからです。

つまり、すでに起きた結果からの後付けなのです。ある出来事が結果を招いたのではなく、結果を出すために行った多くの出来事のどれかが成功に結びついたということです。成功した人というのは、こうしたら成功したというよりは、数多くチャレンジして失敗しているうちに様々な出来事が結びついて、結果的に成功したのです。

猫の思い出話

昔は風が吹くと
大変だったニャー
そうだニャー

もし成功したいのなら、風が吹くのを待っていてもしょうがありません。自分で風を吹かせるのです。「風が吹いたら桶屋が儲かる」ではなく「桶屋が儲かるまで風を吹かせ続ける」ことが大事です。失敗を繰り返した先に成功があるのです。

今はあらゆる情報があふれていますが、それらの情報を得ただけで何かを達成することはありません。大事なのは、たくさんの情報をもとにして実際に行動し、何度も失敗しながらその知識と経験を身につけていくことです。

もしそのチャレンジが人生において1回しかできないものだとしたら、誰もが失敗はしたくないでしょう。しかし、人生において1回しかできないチャレンジなんてそうそうありません。その気にさえなれば、何度でもチャレンジできるのです。

サイコロの1の目が出る確率は六分の一です。成功が1の目だとしたら、誰が振っても最初に1が出る確率は六分の一で変わりません。1回で1の目を出す人もいるだろうし、もちろんそうじゃない人もいます。

ここで二つの人間に分かれます。1回サイコロを振ってあきらめる人と、1の目が出る

失敗スタンプを集めよう

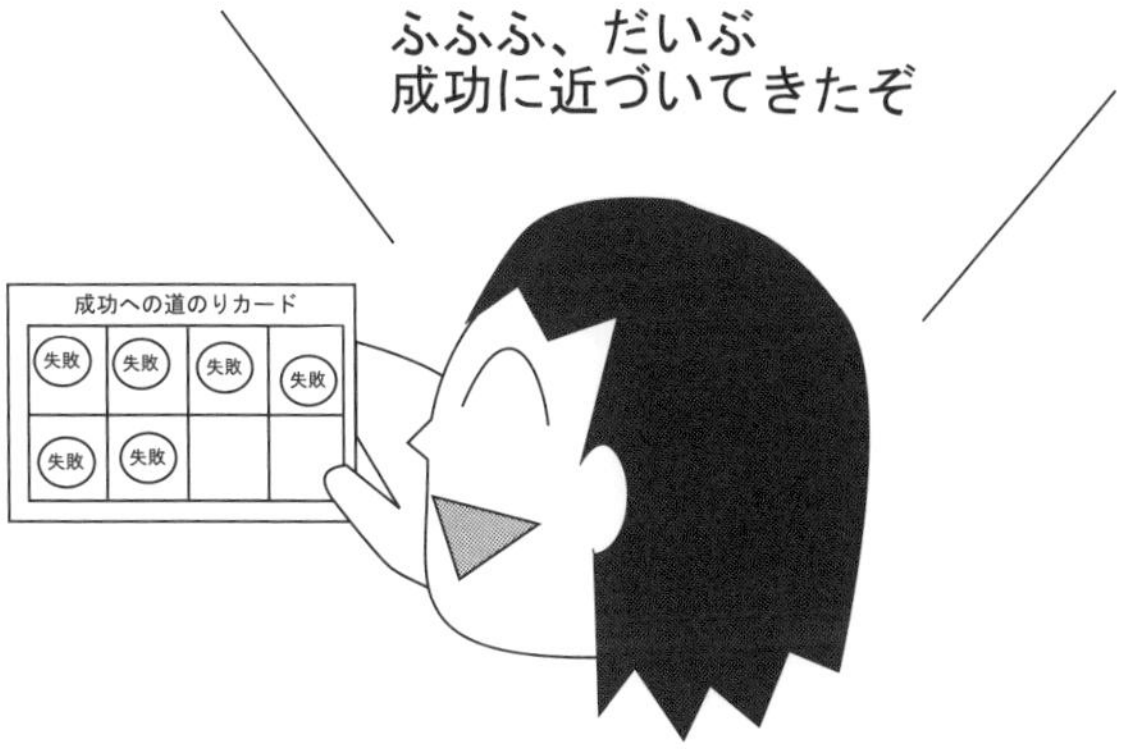

までサイコロを振る人。どちらの人が1の目を出す確率が大きいかは、答える必要はないですね。たくさんの失敗を繰り返すほどに、成功に近づく確率が高くなるのです。

失敗を恐れる必要はありません。何もないゼロから始めたのなら、いくら失敗したって最初のゼロに戻るだけで、失うモノなんて何もない。むしろ失敗することで知識と経験という武器が増えるのですから、「失敗」という言葉に対してネガティブなイメージを持つのはやめましょう。

成功というカードは、失敗というポイントを溜めることが必要です。「失敗ポイントが10個溜まったら成功にたどり着ける」ということだったら、失敗は避けるべきモノどころかむしろ「来たー!」って感じで喜んじゃいますよね。

スポーツや運動でも失敗を楽しむことができれば、学ぶというのは最高に楽しむことができます。うまくできなくても「やったー」だし、もしうまくできたら「やったー、やったー」です。

「運」を動かすのが「運動」

人は誰でも同じサイコロを持っているのです。でも、そのサイコロを何回振るか、もしくは一度も振らずに人生を終えるかはあなた次第です。
さあ、サイは投げられました。失敗するか成功するかは時の運かもしれませんが、運はじっとしていても勝手にはやってきません。運を動かすには行動するしかない。だから運動が必要なんです。

第2章

元気な身体《karada》

ストレスを食べる

多くの人にとって、ストレスというのはネガティブなイメージがあるし、ストレスがあらゆる病気の原因とも言われています。だからこそストレスはなくそう、という考え方が生まれますが、本当にストレスとは悪いものなのでしょうか？

実はストレスそのものに良い悪いはなく、大事なのはストレスとのつきあい方なんです。同じストレスを与えられたとしても、人によってはダメージを受けますが、それをモノともしない人、さらにストレスを利用してさらに成長する人もいます。

では、どのようにしてストレスと付き合っていけば良いのでしょうか。

「ストレス」という言葉を、「食事」に置き換えてみましょう。

ストレスとは食事のようなもの。食べすぎると身体に悪いけど、全く食べないと死んでしまう。食べすぎが身体に悪いように、ストレスも多すぎるとダメージを受けます。

食事だったら、それにブレーキをかけるのが満腹感です。ある程度食べればこれ以上食べられないという満腹感が出ますが、現代人は慢性的に食べすぎの状態でこの満腹感のセンサーが乱れています。

いつでもどこでも食べ物が手に入る環境ではどうしても間食が増えるので、常に胃に何か入っている状態が続き、満腹感というものがどういうものなのかわからなくなってきます。

ちゃんとした満腹感を出すためには、ちゃんとした空腹感を知ること。一番簡単な方法は断食です。全く何も食べないとまでいかなくても、なるべく胃の中を空っぽにして本当の空腹感を味わうことが必要です。本当に空腹になってから食事をすると、少しの量でもかなりの満足感が出ます。

ストレスも食事と同様、満腹になっていることを身体で感じ取れなくてはいけません。

しかし、常に一定のストレスを感じ続けている状態では、食事と同じようにストレスに満腹を感じることができなくなっています。

ストレスの満腹に気づくためには、先ほどと同じで「空腹感」を作らなければならないのです。言うなれば「ストレスの断食」が必要です。

時々は、ストレスがほとんどかからない状態を作っておく。そういうストレスフリーな状態を身体が知っておけば、ストレスを感じた時にこれ以上ストレスがかかるとまずい、というのがわかります。

しかし、常に一定以上のストレスがかかったままだと、知らないうちに多くのダメージを受けてしまいます。これは、水の中に入れられたままゆっくり茹でられたカエルは水が熱くなっていくことになかなか気づかずに、最後は沸騰した熱湯で死んでしまう、という

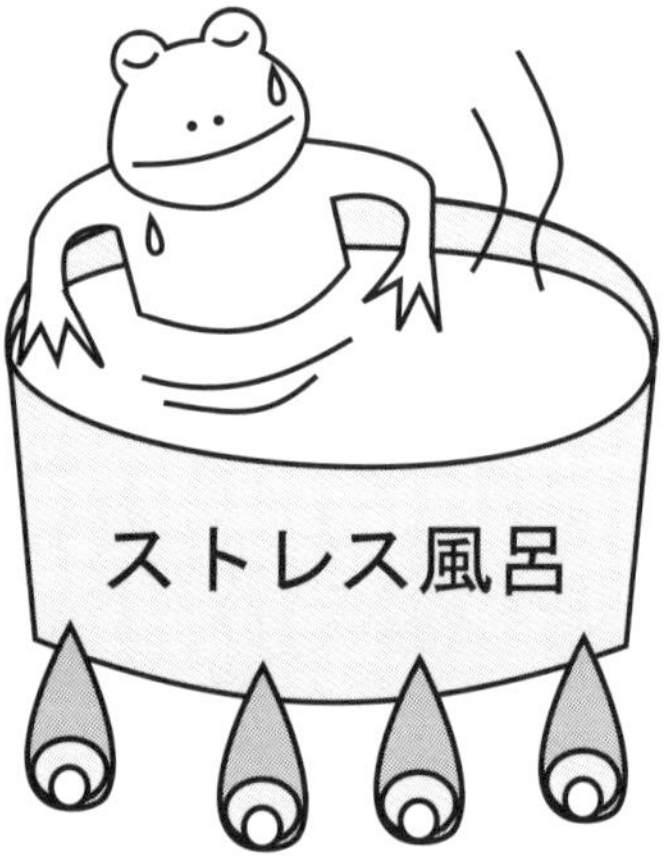

のと同じ考え方です。

正確に言えば、ストレスが全くかかっていない状態というのはありませんし、生きている限りは多少なりとも人間はストレスを受けています。そもそも重力の中で生きているというのだって、肉体的なストレスを常に受けているわけですから。

早食いも身体への負担が大きいように、ストレスも短期間に高負荷のストレスが重なると身体が悲鳴を上げます。食事はゆっくり食べたほうが良いように、ストレスも無理なくゆっくりと受け止められるような環境を作る必要があります。

偏食で同じモノばかり食べていると身体に良くないように、ストレスも同種のストレスばかりだと心身にかかるとダメージが蓄積されやすい。そういう意味では、ストレスはある程度いろいろな種類のものをまんべんなくかけられたほうが、健康に良いと言えるでしょう。バランスの良い食事、つまりバランスの良いストレスです。

「ストレス＝食事」と考えれば、ストレス自体を単純に敵対視するのではなく、どうやっ

食事もストレスも腹八分がいい

て上手につきあっていくかを考えることが大事だとわかったと思います。ストレスと上手に共存して、反応することができれば、ストレスへの免疫力が高まり、ストレスを活力に変えることもできます。

そのためにも、普段から自分に適度なストレスを与えるトレーニングをしておくことは必要です。

精神的なストレスはなかなか目に見えないので、ストレスのトレーニングは主に身体を使って慣らしていきます。「精神的なストレスと肉体的なストレスは違うんじゃないの？」と思われるかもしれませんが、この二つは別々のようで根っこは同じです。

精神的にストレスがかかると肉体的にもダメージがありますし、肉体的なストレスがあると精神的にも辛くなります。だからこそ、ストレスに強い肉体を作ることで、ストレスに強い精神も作ることができるのです。

ストレスは食事のように、生きていく上で決して欠かせないもの。大食い、早食い、偏食を避けて、健康的なストレス生活を目指しましょう。

毎日の食事のように、「いただきます」「ごちそうさま」と言えるくらいにストレスと自然に付き合えるようになれば、ストレスは邪魔なモノではなくあなたの生活のエネルギーになってくれるはずです。

老化と重力

肉体的なストレスという点においては絶対に欠かせないモノ、それは重力です。誰もが例外なく重力のある地球の上で生活しています。「重力がなければ、身体が軽く動けるのになあ」なんて思う人もいるかもしれませんが、果たしてそうでしょうか。

実は、重力があるから人間は自由に動けるのです。

重力が大切ということを知るためにも、逆の環境、つまり重力がない無重力の状態を考えてみましょう。

無重力と言ってまず頭に浮かぶのは、宇宙ですよね。宇宙飛行士が宇宙船の中でフワフワと浮かんでいる様子を見たことがある人も多いと思います。もし重力が人間にとって必要ないものでしたら、無重力の空間は身体にとって快適であるはずです。

しかし、宇宙で過ごした宇宙飛行士は、地球に戻ってきた時に、例外なく身体の運動機能が衰えています。筋肉の低下はもちろん、骨ももろくなり、バランス感覚が悪くなってフラフラします。その姿はまるで老人の身体です。

そう、無重力空間で過ごしていると、人間の身体は老化するのです。普通の人よりも身体をしっかりと鍛えた宇宙飛行士でさえ、わずかな期間、無重力空間で過ごすことで身体が衰え、地球に戻ってきてからもとの身体の状態に戻すまで時間がかかります。

宇宙に出るということは、言うなれば身体の老化現象を早めるようなものです。重力がなければ、筋力を維持することはできないのです。

人間は重力に逆らうのではなく、重力を利用して身体を動かさなければなりません。重力の影響を一番受けない方法は、寝ることです。でも、その状態こそが老化に向かう特急券なのです。

先ほどの宇宙と同じで、重力のある環境から離れれば離れるほど老化が進むということを考えれば、重力としっかり付き合うほどに老化は緩やかに進むということです。重力に逆らうという考え方よりも、重力を受け入れる、重力を味方にするという考え方が大事です。重力は人間にとって老化を進めるものではなく、老化を食い止めるためのものなのだから。

重力とうまく付き合うためには、重力を感じることがとても大切です。そもそも重力というのは、物質を引きつける力（引力）を持っています。だから、テーブルの上にボールを二つ並べた場合も、この二つのボールはそれぞれに持つ引力によってお互いに引きつけ合う力を出しています。

しかし、二つのボールが持つ引力はとても弱いので、実際に動いて近づくことはありません。このように、重力は実はとても弱い力なので、感じ取るのが難しいのです。

それでも、重力というのは質量に比例して大きくなるので、地球上において一番大きな重力を持っているのが地球そのものなんです。ですので、重力を感じるというのはこの地球の重力によって引っ張られる力、つまり引力を感じるという意味で捉えてもらえれば良いと思います。

重力の一番わかりやすい感覚が「重さ」です。物を持った時に感じる重さは、重力があるから感じるのです。1リットルのペットボトルを持てば、その重さを感じることはできます。

では、手のひらに鳥の羽を乗せた時に、重さを感じることはできるでしょうか。その羽の重さを感じるためには、十分にリラックスして力を抜いておかないとおそらく感じ取る

力を抜いている時のほうが、
わずかな重さでも感じることができる

ことはできないでしょう。

重力というのは弱い力なので、それを感じるためには、なるべく力を抜いてリラックスしておかないとわかりません。だから、身体が緊張した状態であればあるほど、重力を感じ取るのが難しくなるのです。

重力を味方にして身体を動かすためには、重力を感じなくてはいけない。そして重力を感じるためには、なるべく力を抜かなくてはいけない。なかなか難しい課題かもしれません。

重力は味方

しかし、重力を感じ取れるようになれば、身体の動きはどんどん変わってきて、重力に抵抗して動くのではなく、重力を利用して身体を動かしているような楽な感覚になってきます。「重」＋「力」こそが、まさに「動」くことなのですから。

眠るために起きている

私たちは、誰もが当たり前のように毎日眠っているし、そのことに疑問を感じる人はいないでしょう。しかし、人間はなぜ寝るのか？　という質問に関しては、何と今現在でもわかっていないのです。遺伝子や脳のことなど、昔に比べればはるかに多くのことがわかってきているはずなのに、実はわかっていないこともまだまだたくさんあります。

睡眠についてわかっていることで言えば、睡眠は人間の活動において絶対に必要であるということ。世の中には睡眠に関する本もたくさんあります。1日3時間ぐらいの短眠から8時間以上の睡眠をすすめるものまで、いろいろな意見があります。

しかし、それらの意見の中でも共通しているのは、睡眠は必要であるということ。そう、どんなに睡眠が短くても良いと言っている人はいても、睡眠が全く必要ないと言っている人はいないのです。実際、過去の記録において人間の断眠で11日間というものがありますが、それが限界とも言えます。

そしてその逆も言えて、人間はずっと眠り続けることもできないのです。病気や脳の障害などがない限り、どんなに長く眠っていても人間は必ず目が覚めます。

睡眠の目的ということに関しても、身体の休息であるとか脳による記憶の整理とかいろいろ言われていますが、これらだって実はまだはっきりとしたことはわかっていないのです。

そこで、睡眠を呼吸と同じように考えてみたらどうでしょうか。

目を覚ましている状態を覚醒と言いますが、人間は覚醒と睡眠を毎日繰り返しているのです。そして覚醒と睡眠を呼吸のように考えてみたら、吸うだけ、吐くだけというどちらかだけというのは身体にとって無理があることがわかります。

呼吸の場合、ある程度訓練すれば、長く息を止めることもできるし、呼吸をゆっくりと行うこともできます。同様に、睡眠もある程度訓練すれば、目が覚めている時間を長くし

睡眠と覚醒は一蓮托生

これで俺たちは離れられないぜ！

たり、逆に睡眠を長くしたりすることも可能です。

ただし、呼吸にしろ睡眠にしろ、最終的にどちらかを全くなしにすることはできないのです。そんなふうにイメージすれば、睡眠というのはなぜ必要かということはわからなくても、なくてはならないというふうには考えることができると思います。

覚醒と睡眠どちらが大事かということも、呼吸で吸うのと吐くのと同様、どちらが大事と言われても困りますよね。

しかし、睡眠というのは「休む」というイメージがあるせいか、日常の覚醒時の活動よりも重要度が低くみられがちです。仕事で忙しくなれば、睡眠時間を削ってでも作業をしてしまうなんてこともありますし、誰でも眠る時間を削って何らかの作業を行った経験があると思います。

でも、実はこれは危険です。先ほども言ったように、呼吸はどちらかに偏ってしまうと身体に対してとても負担がかかるように、睡眠と覚醒のバランスが崩れてしまうと身体にはとても負担がかかります。

睡眠時間が足りなくなっているというのは、見方を変えると、ちゃんと呼吸ができていない過呼吸症候群のようなものです。睡眠をちゃんと取らない生活をしていると、身体のバランスも崩れてしまいます。

寝ている時に呼吸が止まってしまう無呼吸症候群が増えてきているというのは、ある意味、覚醒と睡眠のバランスが崩れていることを、呼吸というかたちで身体が悲鳴を上げているのかもしれません。

そもそも、人間にとっては覚醒よりも睡眠のほうが重要だとしたら…。つまり睡眠が人

夢の中の夢の中の夢の…

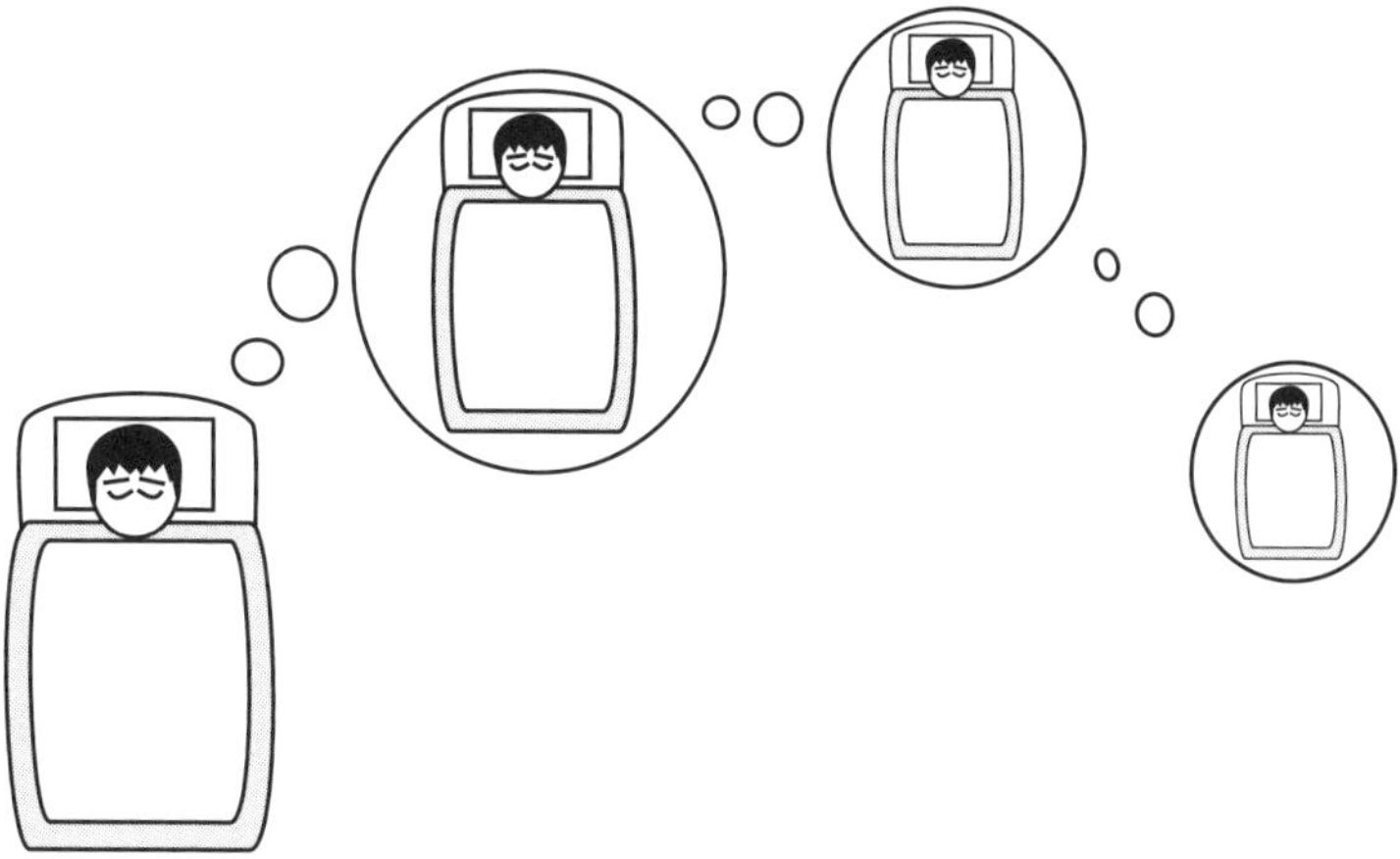

間の活動のメインで、その合間に覚醒している、という可能性はないだろうか。

人間の一生なんて、地球の歴史の中から見たら一瞬の出来事です。そんなスケールで考えたら、人生なんてそれこそ儚い夢の一編にすぎません。

「胡蝶の夢」という荘子の有名な話です。夢の中で蝶となって自由に飛び回っていたが、目を覚まして自分が蝶になった夢を見ていたことに気づいた。しかし、荘子はふと考えた。「今のこの私は蝶が見ている夢なのかもしれない」。夢と現実が曖昧であるたとえや、人生の儚さを表しています。

睡眠と覚醒どちらがメインであるという話以前に、人生というのはそもそも夢（睡眠）も現実（覚醒）も境界が曖昧なものなのかもしれません。でも先ほども言ったように、人間は覚醒のほうを重要視して睡眠を軽視してしまいがち。だからこそアンチテーゼとしては、睡眠は皆さんが思っている以上にとても大事であると主張したいのです。

本当に良い睡眠を取るためには、朝、目を覚ましたその瞬間から眠るための準備をするということが大事なのです。日々の良い食事と良い運動を心がけることで、良い睡眠が得られます。そして良い睡眠を取ることで、良い覚醒も導かれます。

覚醒時の活動を良好にするためにも、睡眠の質をぜひ高めていってほしいので、ややオーバーな表現かもしれませんがあえて言い切りましょう。

「人間は眠るために起きている」と。さすがにこれは「誇張」の夢かしら…。

転びましょう

老化は足腰から始まると言います。毎日の暮らしをスムーズに行うためにも、自分の足で移動するというのはとても大事です。高齢になって骨折などの怪我をすると、そのまま寝たきりになってしまう人も少なくありません。

高齢者向けの転倒防止の教室などを見受けますが、ちょっと視点を変えてみましょう。「転ぶ＝怪我をする」という前提で考えれば、当然怪我を防ぐためには転ばないほうが良いということになりますが、それは正しいのでしょうか？

武道には「受け身」というものがあります。もし「転ぶ＝怪我」ということでしたら、武道の稽古では怪我人続出です。若い人がやっているから大丈夫なんだという意見もありそうですが、私の道場には80歳以上の方もいます。その方も何度も転がってますが、もちろん怪我をすることはありません。

つまり、転び方には上手、下手があるということです。上手に転ぶことができれば怪我はしないが、下手な転び方をすると怪我をする。考えてみれば当たり前のことです。

しかし、高齢者の転倒防止教室などで転び方を教えてくれるところはなく、むしろ逆で、転ばないようにすることを教えています。もちろんしょっちゅう道でつまずいてしまうようでは困りますが、大事なのは転倒するしないではなく、転倒しても大丈夫という身体を作ることです。


転ぶ時に一番大事なのは、力を抜くことです。どんなかたちで転ぶにしても、力を抜いていれば大きな怪我をすることはありません。立ったばかりの赤ちゃんや小さい子供などは、歩き方がおぼつかずにすぐに転びますが、あまり怪我をしません。それは力が抜けているからです。

逆に言えば、転ぶ時に力が入って身体を固めると、怪我をします。高齢者が転んで怪我をしないようにするためには、まずは身体を固めないことを学ぶ必要があります。

人間は危険を感じた時に出る反応として、二つのF、Fight（闘争）とFlight（逃走）があります。どちらを選ぶかはその時の状況によって判断は変わると思いますが、実はこの二つに加えてもう一つ、注意すべきFがあります。

それはFreeze（凍相）です。これが起きると身体が固まって動けず、戦うことも逃げることもできないという一番まずい状況になってしまいます。

護身術というと、人に襲われた時にどう対処するかというイメージがあります。しかし、本当に大事なのは、いざという時に動ける身体を作ることです。

道を歩いていて、もし車が突然飛び出してきたり、モノが飛んできた時、身体が固まらずにほんの一歩動けることで助かる命があります。滅多に遭遇する場面ではありませんが、もし通り魔に襲われてナイフで刺されそうになった場合も、ほんの数センチ身体を動かすことで致命傷を避けることができるかもしれないのです。

このように、どんな場面においても大事なのは、身体を固めずに動けること。動ける身

人間の本能的行動

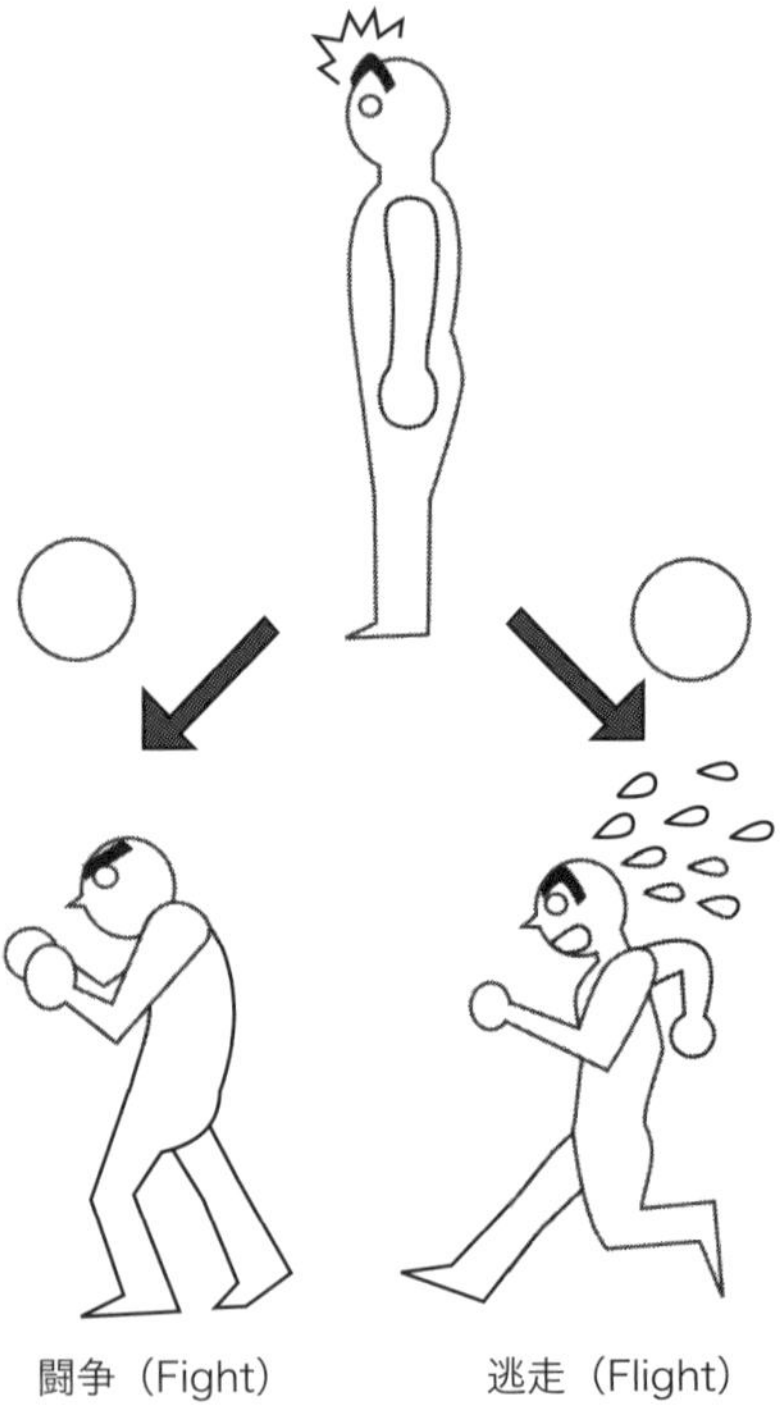

体だからこそ、その時の場面において闘争か逃走を選ぶことができるのです。

では、どうやってそのような身体を作るか、です。

「転ぶ＝怪我をする」というイメージが凝り固まっていると、転ぶことが怖くなり、転びたくないという意識が生まれます。でも、そうやって恐怖から転びたくないとい

凍相（Freeze）では、何もできない

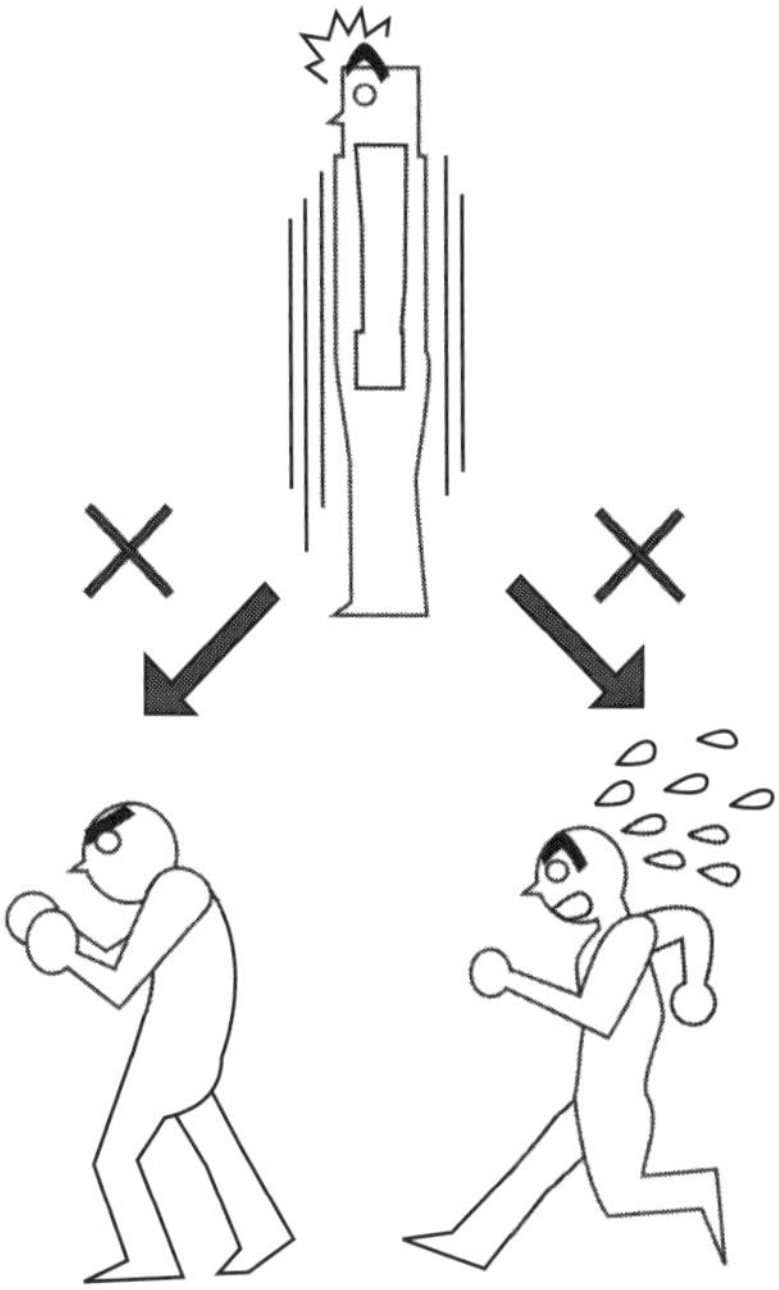

う拒否反応が起きるとますます身体は固くなり、結果的に転んだ時に怪我をしやすくなります。

そのためには、「転ぶ＝怖い」というイメージを払拭する必要があります。転ぶのが怖いのは、単純に言えば慣れていないからです。だから、何度も転ぶ練習をすれば自然と転ぶのが上手になり、その分、怖いという気持ちが薄らいできます。

転ぶのが上手になるほどに、転ぶことで地面で身体をマッサージしているように身体が緩んで、むしろ気持ちが良いという感覚になります。そこまでくれば、転ぶ時に恐怖で緊張するということはなくなります。

日常において、外に出て歩くことは欠かせない活動です。しかし、転ぶことが怖いというイメージを持つ人にとっては、歩くという行為が常に恐怖と隣り合わせです。この感情が強すぎると、歩くのが怖くて外出をやめてしまいます。そりゃそうです。歩くのが怖い。怖いことはしたくない。だったら歩かない。となるわけです。

しかし人間は、怪我をしたわけでもないのに歩かなくなれば、足腰が弱くなり、結果的にそのまま寝たきりになってしまう可能性が高いです。

もし「転ぶ＝安全、気持ちいい、楽しい」という感情に書き換えることができたなら、たくさん歩きたくなりますよね。外出もしたくなるし、それは活動的になるということです。

たくさん転がろう

だから、転倒防止のように転ぶことが怪我に結びつくというネガティブな結びつきではなく、むしろ転ぶことは気持ちよいというポジティブな結びつきを作ってあげるほうが良いのです。

そのためには、高齢者は「転ばない」ようにするのではなく、「転べる」ようにすることが大事だと思います。転倒防止ではなく転倒促進。高齢者ほど、転ぶ練習をどんどんやったほうが良いのです。

さあ、どんどん転びましょう。転んだ後は立ち上がれば良いだけです。人生は「七転び八起き」です。ただし、転んで怪我して「七転八倒」にならないようにね。

左右均等の落とし穴

良い姿勢というと、まず最初に考えるのが左右均等になっている姿勢でしょう。姿勢が左右どちらかに大きく曲がった状態と比べ、左右均等であればバランスが取れて見えます。人間は左右対称の物を美しいと捉えるので、左右がアンバランスなものには何となく違和感を感じます。

人間の外観や骨格は、ほぼ左右対称と言っても良いでしょう。では内臓はどうか。これは左右対称でない部分が多いのです。臓器自体が二つないものも多いし、左右にある肺でさえ、左右では大きさが違います。

身体が曲がっている、ゆがんでいる、というのを気にする人がいます。確かに、外見上の場合は身体の左右が極端に違っていればバランスが悪いし、実際に身体にも負担がかかります。だからこそ左右を均等にすることの大事さもわかります。

しかし、人間の身体は外見は左右均等でも、身体の内部まで見ていけば、実は左右均等ではないということも考えなくてはいけません。

まっすぐ立っているだけなら、左右の筋肉の使い方に差はありません。しかし、ご飯を食べる、スマホやパソコンを使う、荷物を持つ、さらに運動をするといったあらゆる動作を考えた時に、左右は常に同じ筋肉を使うでしょうか？　大抵の動作は、左右どちらかに偏っているはずです。

普段、右手で箸を持ち、左手で茶碗を持つ人が、日によってそれを逆にすることはないし、普段、右手でテニスのラケットを持つ人が、今日は左で持つ、とはなりません。つまり筋肉自体が左右均等でも、動作というのを考えると、左右はかなりばらつきがあります。

一般的に利き腕、利き脚があることからもわかる通り、身体にとって使いやすい手や足はどちらかに決まっているのです。身体全体で見ても、利き目、利き耳、利き鼻というように、使われ方として左右の優先度は違います。だから、人間の身体は本来、左右でそれぞれ違う働きがあると考えて良いかと思います。

物を持つといった単純作業であれば、左右をスイッチするのは難しくありませんが、複雑な作業になればなるほど、左右を均等に使うのは難しいのです。

スポーツにおいても、左右にスイッチできる人はいますが、大多数においては左右どちらかの動きに限定された状態で身体の使い方の質を高めていきます。

左右の筋肉の働きが違うということは、筋肉のつく量も違うということです。ですから、体重という点で考えた場合も、左右の身体の重さは違うのが普通です。もちろん極端に左右差がある場合は、身体の使い方に偏りが強い可能性もあります。
ただ、そもそも内臓が左右均等でないのだから、左右の足をそれぞれ体重計に乗せた場合、左右の体重計の針はぴったり同じということはありません。むしろ、ある程度の差があるくらいが自然といっても良いでしょう。

鍛え方に左右差がありすぎる人

日常動作という範囲に限って言えば、左右の筋肉の差というのはそれほどの大きな違いは生まれません。だからこそ、基本的なトレーニングにおいては左右均等に鍛えても問題ないし、むしろ左右を均等に鍛えたほうがバランスが良いかと思います。
しかし、専門的な運動まで考えた場合は、左右対称という考え方は一歩間違えるとむしろ弊害になることすらありえるのです。

武道やスポーツ、専門的な職業においては、左右均等の動きというのはむしろ少ないのです。ということは、左右の身体の使い方に合わせてトレーニングに左右の差をつけるほうが良くなります。

ゴルフのスイングでも、左右とも同じ筋肉を同じ量だけ鍛えると効果が出るかと言えば、そうではありません。スイングをいつも左右交互に行うのならそれでも良いですが、いつも同じ方向を向いてスイングするのであれば、左右の筋肉の鍛えどころは違うはずです。逆に、左右とも同じだけのトレーニングをして鍛えてしまった場合、左手には効果があっても、右手には逆効果になってしまうなんてこともあり得るのです。

スポーツのような専門の競技における筋肉の使い方というのは、その競技の中で身につけるのが一番の近道なのです。ゴルフがうまくなりたかったらゴルフの練習をし、テニスがうまくなりたかったらテニスの練習をし、柔道がうまくなりたかったら柔道の練習をするのです。

当たり前のことのように感じるかもしれませんが、いろいろなトレーニング方法に目移

**絵がうまくなりたいと思ったら、
ウェイトレーニングするよりも
たくさん絵を描いたほうが良い**

りしてしまう人は、自分が本来鍛えなければいけない部分じゃない無駄なトレーニングをしてしまうなんてことも発生してしまいます。

世の中には様々なトレーニング理論がありますが、どれが正しいとかどれが間違っているかということではなく、それを利用する人の目的に役に立つか立たないかの違いなんだと思います。つまり、「正しいトレーニング」と「必要なトレーニング」は違うということです。

身体を使いこなすためには、その

身体の声を聴く

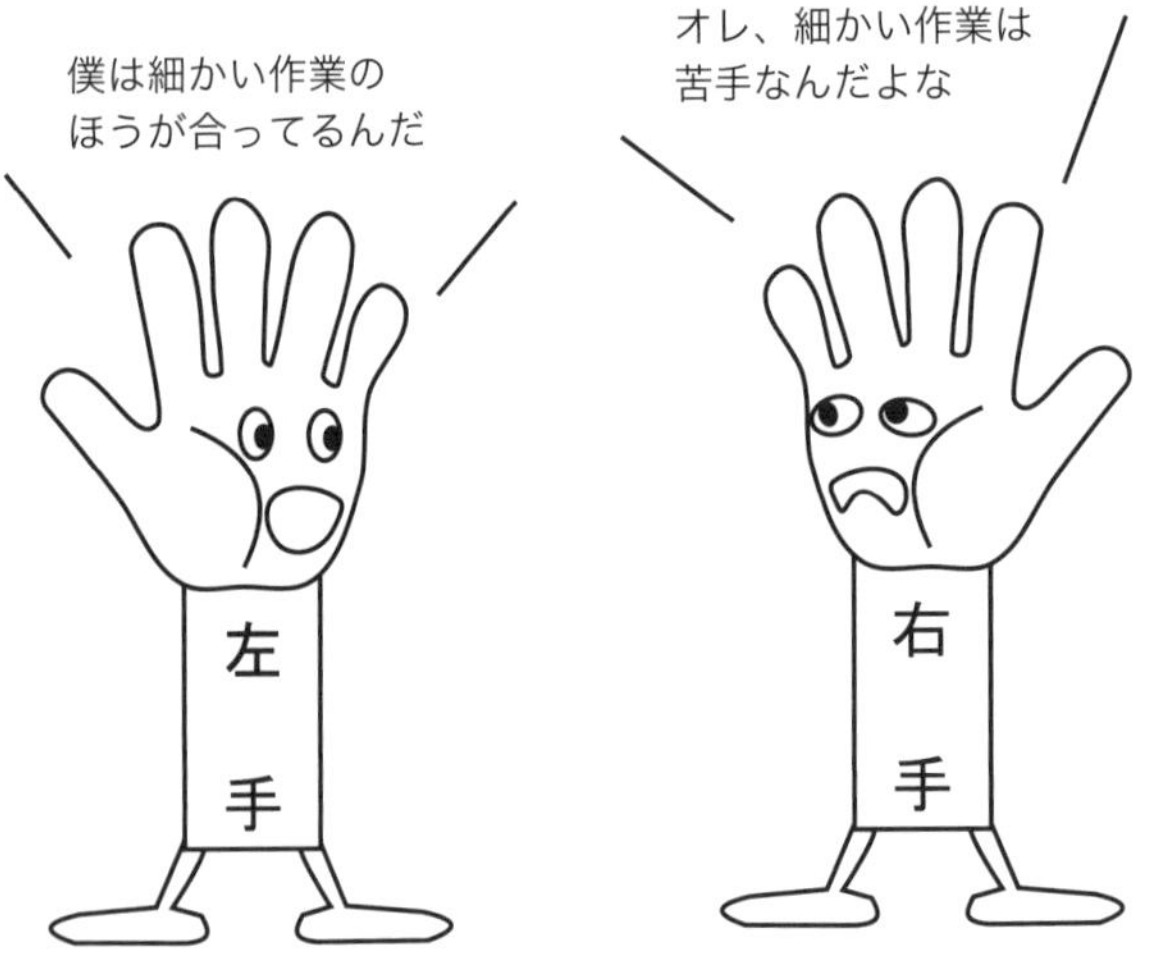
僕は細かい作業の
ほうが合ってるんだ
オレ、細かい作業は
苦手なんだよな
左
手
右
手

トレーニングが今の自分にとって必要かどうかを見極められる身体感覚が必要です。そして、トレーニングを指導する人は、一人一人に合わせて必要な動きを見極めて指導する必要があるし、そういったことを見極められる身体を作ってあげることがとても大事です。外部の情報から正解を探すのではなく、身体の声を聴くことで正解をつかむ。それが「声解」なんです。

第3章

動ける身体《karada》

関節を動かす

ストレッチにおける可動域というのは、もう少し正確に言えば、関節可動域です。つまり、関節が問題なく動ける範囲が、その人の関節可動域となります。

ところが、ストレッチを筋肉を引っ張って伸ばすものだと思い込んでいる人は、関節を動かすという意識が抜け落ちてしまいます。

180度開脚というのはストレッチをする人なら誰でも憧れますが、このストレッチの本来のポイントは股関節を動かすことです。

ところが多くの人は、とにかく脚を広げれば良いと思って、股関節ではなく筋肉を引っ張ってやろうとしてしまいます。開脚の範囲はあくまでも股関節の可動域なのですから、極端な話、股関節を全く動かそうとせずに脚だけ広げようとしたら、筋肉に無理な力がかかって怪我をするだけです。

そもそも、日常の生活範囲で１８０度の開脚は必要ありません。無理に開脚しようとして怪我をしてしまうくらいなら、１８０度開脚なんて無用の長物です。

関節の可動域が広がっていけば、そのプロセスで関節周辺の筋肉は自然に伸ばされます。

ただし、その時に伸ばされる筋肉は、緊張しているのではなく力が抜けていなければなりません。

筋肉は緊張すればするほど収縮して固まるので、この状態のままでのストレッチは、アクセルとブレーキを同時に踏んでいるようなものです。

このようなストレッチを続けていると、効果があるどころか、逆に怪我のもとにすらなってしまいます。

こんなに柔らかい身体は必要ない

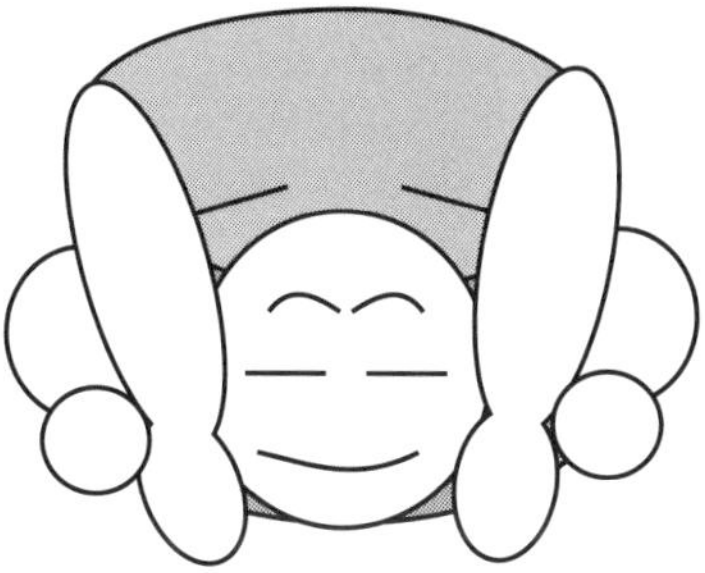

ストレッチというのは「関節を動かしながら力を抜く」作業なのです。

例えば、首を左右や前後に動かしてみたり、ゆっくり一周させたりしてください。大きく動かす必要はないので、なるべく筋肉が緊張しないように丁寧に動かします。

同様に、手首や肘、膝や足首、背骨、どの部分の関節でも良いので動かしてみます。

どうでしょうか。カクカクッとした動きにならずに滑らかに動かすことができたでしょうか。

もし、動きがカクカクとしている場合は、筋肉の緊張が強い状態です。坂道で自転車のブレーキをかけながら下りていると想像してください。この時にブレーキを握ったり離したりしながら下りていると、カクカクと自転車が小刻みにストップしながら動くと思います。

これと同様に、関節を動かす時にカクカクする場合は、身体に余計なブレーキ（緊張）が残っている証拠です。

まずは、可動域の広さよりも、関節が滑らかに動けるようにしていくことが先決です。関節を滑らかに動かすためには、骨と骨がぶつからないように、関節の隙間を十分に作る

高級時計の秒針のように滑らかに動く

ことも大事です。

可動域が同じでも、カクカクした動きとスムーズに動くのでは、動きのパフォーマンスは全然違ってきます。パラパラ漫画は絵の枚数が多いほど動きが滑らかに見えるように、身体の動きも「コマ数を多く」すると滑らかに動かせるようになります。

同じような動きをしても、綺麗に見える人の動きはコマ数がとても多く滑らかで、そうじゃない人の動きはぎこちない。速い動きであれば、コマ数の少なさをある程度ごまかせますが、ゆっくりな動きになるほど動きの質の差がハッキリと現れます。

ブランド物の高級時計と安物のコピー品を見分ける方法として、秒針が大雑把に動いているのは偽物で、秒針が滑らかに流れるように動いているのが本物というのがあります。細部まで精巧に作られたモノは、それだけ動きが滑らかなのです。

前屈の時に動かす主な関節は、股関節です。身体が固くて前屈できないという人の多くは、背中や腰に力を入れてしまっています。また、腿の裏側やふくらはぎが痛いという人も、この部分に力が入ってしまっています。

そういう場合は、最初のうちは膝を曲げておいたほうがやりやすいでしょう。前屈をする時は、股関節をゆっくりと動かすことで、上半身と下半身が折りたたまるように近づいていきます。

関節を動かす以上、それを動かすための筋肉にはある程度力が入りますが、あくまでも関節を動かすという感覚で行います。股関節を動かしている感覚がつかみづらい時は、手

身体の状態は、見た目に反することもある

姿勢が悪そうに見えて、実は身体がユルユルな人。

姿勢が良いけど、実は身体がガチガチな人。

のひらで股関節の辺りに触れながら動かしてみると良いでしょう。

関節の可動域が広くなくても、力を抜いたまま関節がスムーズに動かせれば、身体は柔らかいといえます。腰が曲がっているような人でも、自分で動かせる範囲の関節がスムーズに動かせれば、全く問題がないのです。

だから、姿勢が悪く見える人でも身体が柔らかい人はいるし、逆に、姿勢が良く見えても関節をスムーズに動かせない人は、身体が固いといえます。

骨盤の前後傾よりも、関節の隙間が大事

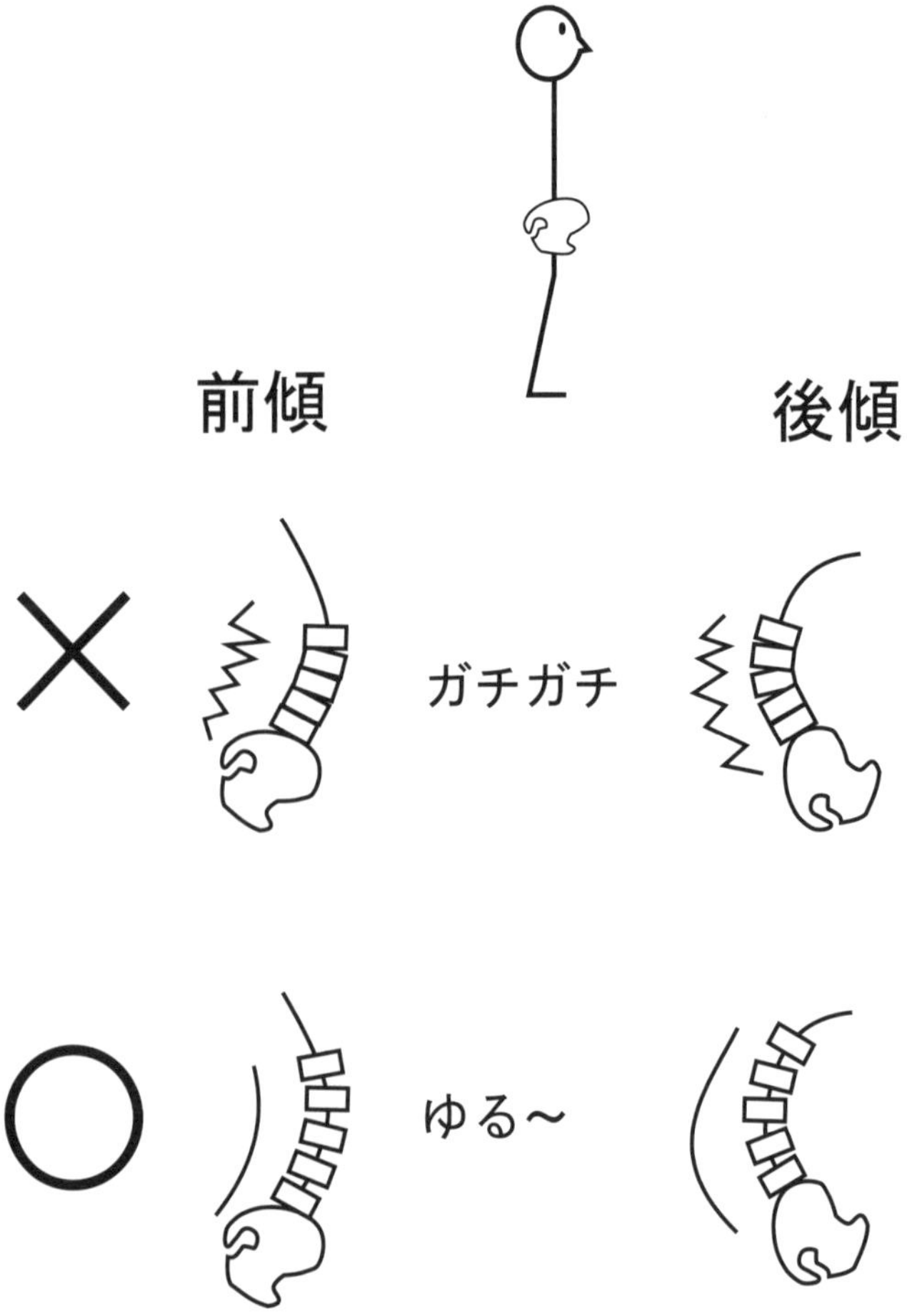

**筋肉で骨盤を前後傾させるのではなく、
振り子のように動かして角度を変える**

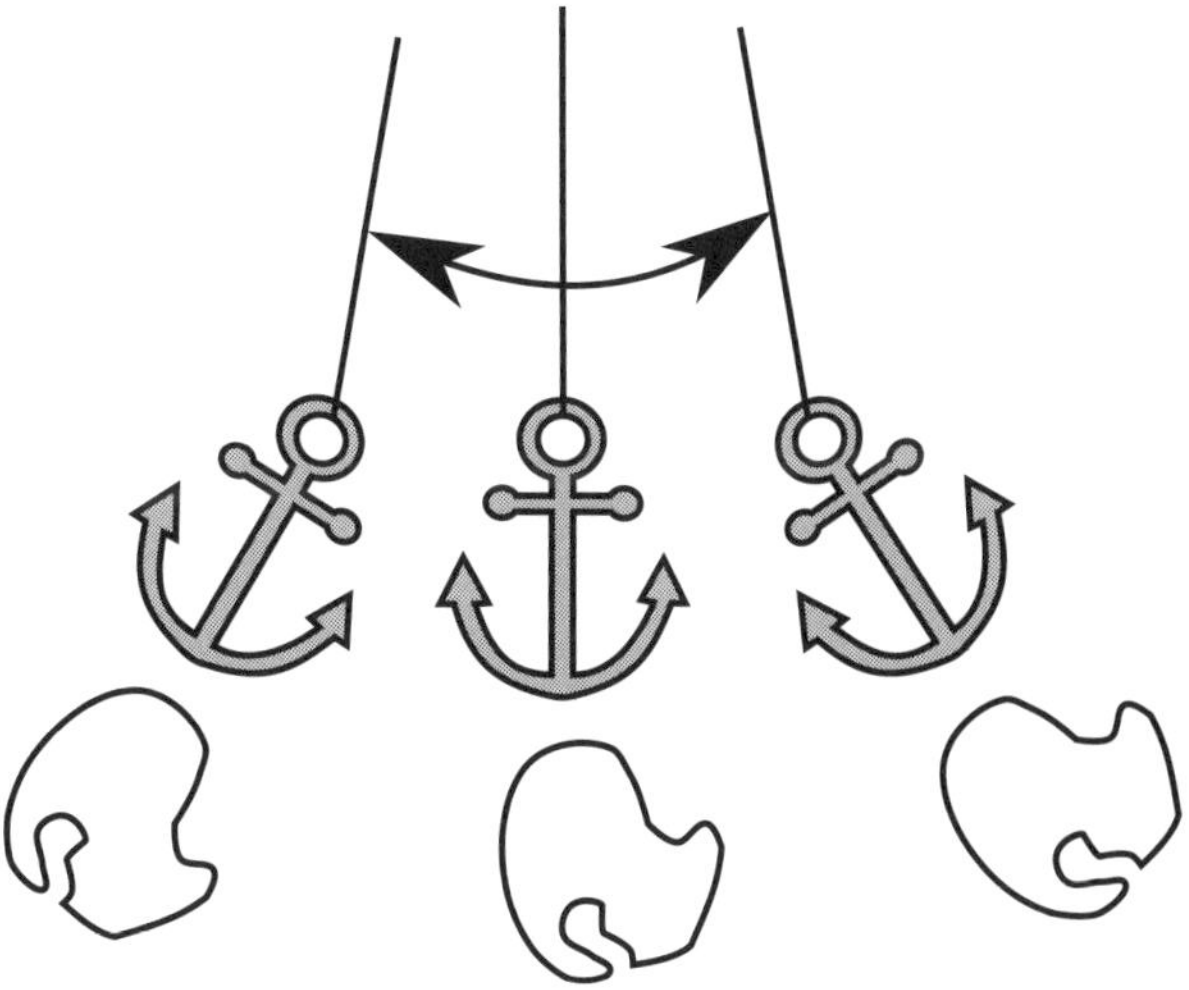

骨盤前傾の反り腰とか後傾で腰が曲がっているのは姿勢として良くないというのも、一面としては間違っていません。しかし、それが問題になるのは、腰を緊張させて関節の可動域を失ってしまっているからです。

反り腰だろうと腰が曲がっていようと、関節が自由に動かせれば、基本的に問題はないのです。

骨盤の前後傾は、振り子のように骨盤が前後に揺れているとイメージします。すると、腰の前後傾は筋肉を緊張させて動かすのではなく、あくまでも腰の骨の位置を動かすというのがわかると思います。

ストレッチというと、どうしても筋肉を引っ張るようなイメージが出てしまいます。そのため、関節運動（ジョイントムーブメント）と言ったほうが言葉としては正確かもしれません。

ぜひ、関節を動かして、身体を柔らかくしましょう。

ふりで動く

どんな姿勢や動きをするにしても、人間にとってエネルギーが有限であるということを考えれば、省エネを目指すことはとても大事です。

車でいえば、むやみにブレーキやアクセルを踏んで急発進や急停止を繰り返すのは燃費が悪く、最小のパワーで等速で走るのが一番の省エネです。

身体の動きにおいても同じです。省エネの動きを知るためにも、その動作に対して最小の力がどれくらいなのかを知らないといけません。

目の前にビールが入ったジョッキがあり、これを持って口の前に持ってきます。この時に、身体のどこに力を入れているか、よく観察してください。

次に、ジョッキは持たずに、持っているふりをして同じように口の前に持ってきます。この時の身体の状態もよく観察してみます。

二つを比べても、動き自体は同じです。違いはジョッキを実際に持つか持たないかだけです。この時に身体に学習させたいのは、腕を口に持ってくるという「動作」ですが、ジョッキを持った場合はジョッキを「持つ力」も同時に必要になります。これは腕を動かすという動作とは別のものです。

大事なのは腕を口元まで動かす動作の感覚であって、ジョッキを持つ力の感覚ではありません。

動きを学ぶ場合には、まず最初はその動きを最小の力でコントロールできるようになってから、徐々に「重さ」や「抵抗」などの力の負荷を足していくほうが良いのです。

最初からジョッキを持ってトレーニングをしてしまったら、最初からその負荷の分も動作の中に組み込まれてしまい、後で同じ動きを紙コップでやったとしたら、かなり力を無駄使いすることになります。

最初から力を目一杯使った状態で覚えた動きは、なかなかそれ以下の力にすることは難しいのです。一方、なるべく力を少ない状態で覚えた動きなら、そこに負荷をかけて強くしていくことは難しくありません。

先ほどのジョッキを持ったふりだけをして腕を動かしてみて、その時の身体の感覚よく味わった後に、ジョッキを持って同じ動きをしてみましょう。この時も、イメージとしてはなるべくジョッキがない時と同じような感覚で腕を動かします。

そうすると、ジョッキを持つ力は必要かもしれませんが、メインとなる力はあくまでも腕を動かす動作の力ですから、思ったよりも力を使っていないな、という感覚があるのではないでしょうか。


同じような実験をもう一つ。

パソコンをいつも通りにタイピングしてみます。

次に、パソコンのタイピングをキーボードを使わずに、打っているふりでやってみましょう。ふりの時はなるべくリラックスして、軽やかな雰囲気でタイピングをしてみます。

ではもう一度、ふりと同じような感覚で、実際にパソコンをタイピングしてみます。そうすると、キーボードをタイピングする動作は、思っているほど力を使わなくて良いということがわかると思います。

どんな動作でも、まずは負荷をかけない動作そのものを、最小の力加減を学ぶことが大事です。テニスや野球などのスポーツでも、道具を持たないで素振りをしてみます。

動作を学ぶ時は、できるだけゆっくりと等速で行うほうが効果的です。そういう意味では、太極拳のようなゆっくりとした等速の動きは、動作を学ぶという意味では非常に理想的ですね。

相手がいなくてもスムーズにできる動きだからこそ、相手がいた時にもスムーズに動けるのです。

例えば、目の前の相手に武道の技をかけた映像があるとして、編集で相手の姿だけを消してしまった時の映像と、最初から一人だけで動いた時の動きの映像に差異がなければ、良い動きです。

逆に、相手の姿を映像から消した時の動きが、一人で動いた時と比べて不自然な動きに見える時は、自分自身の身体の重心をコントロールできずに、相手の身体に依存してバランスを取ってしまっている状態です。

道具を使うような作業でも、あえて道具類を手に持たずに、ふりだけでやってみましょう。

道具を持っていなくても、道具を持った時と同じ動きができるようにする。そうするこ

相手がいない状態でも、
姿勢の維持ができていないとだめ

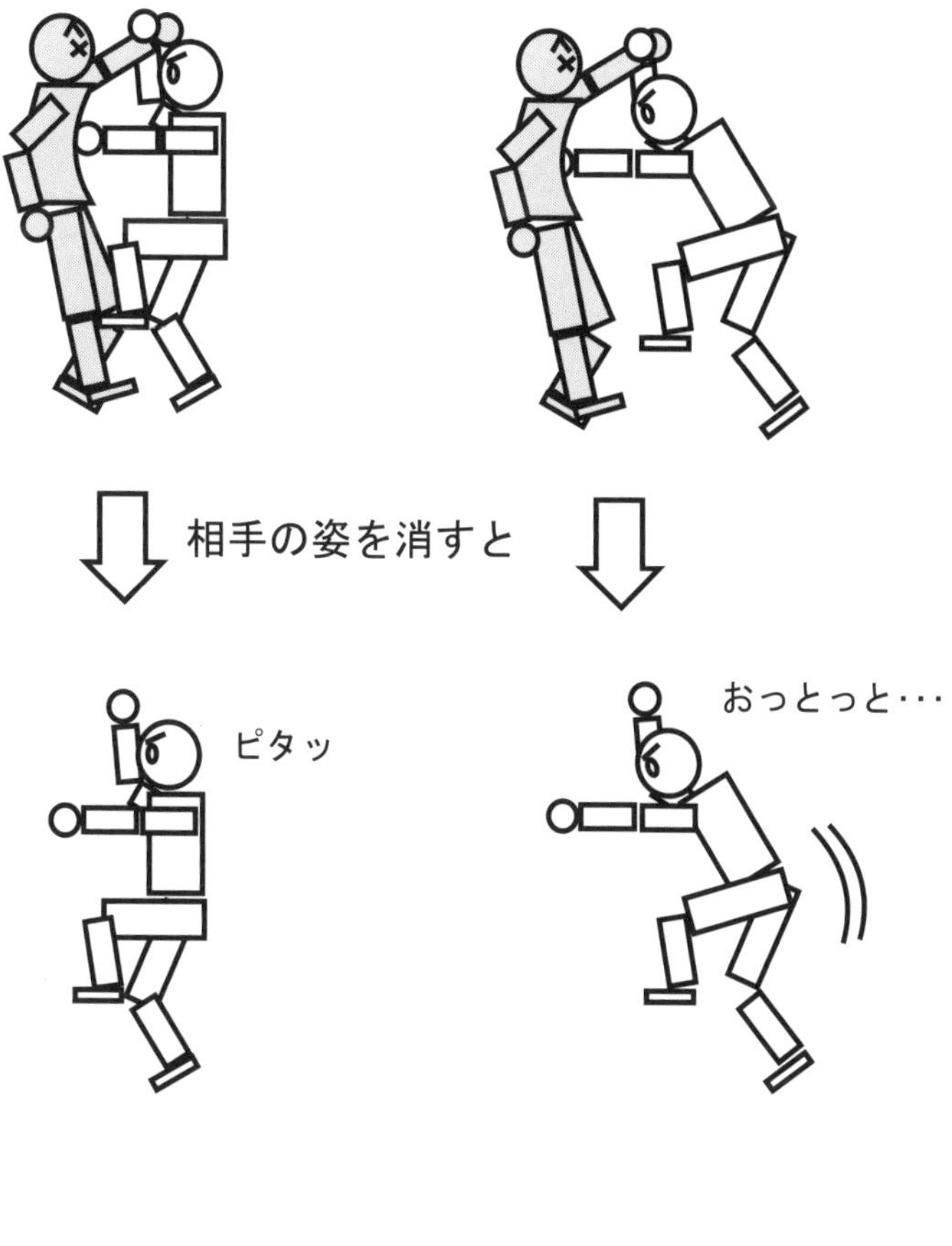

ふりのプロ

とで、道具を使いこなすために必要な本当の「動作」を身につけることができるのです。

動きを真似したい人がいたら、その人にお願いして、道具を持たずにふりで動いてもらいましょう。そのふりの様子を見れば、どのように身体を動かしているのか、道具を持った状態よりもわかりやすいはずです。

昔から言うでしょ、「人のふり見て我がふり直せ」ってね。

背骨は柔らかい

背骨は硬い棒ではなく、
真珠のネックレスのように
柔らかいひものイメージ

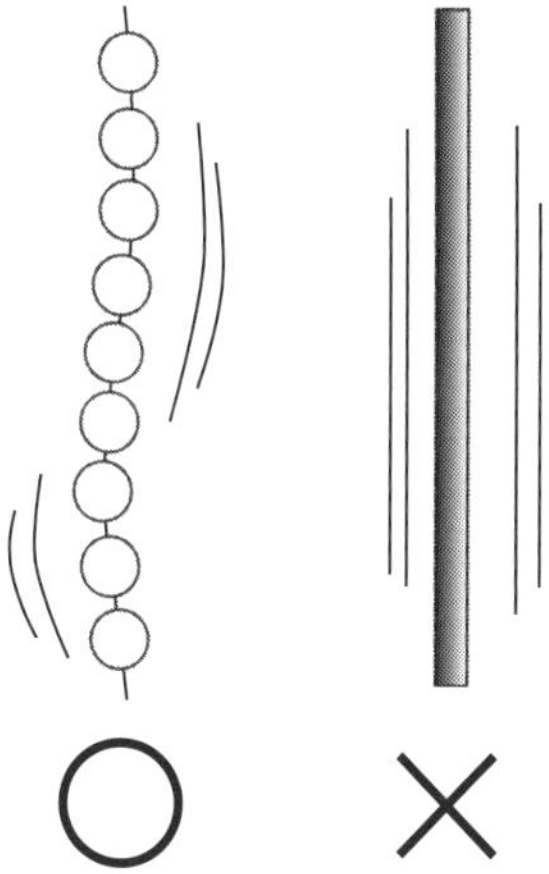

姿勢を作る上で、軸という考え方があります。体軸とか正中線と言われることもありますが、要は身体を支える軸です。

この軸を形成するのが背骨です。実際、背骨は身体を支える棒であり、背骨がなかったら立てなくなるというイメージを持つ人が多いのではないでしょうか。

そのイメージとは反対かもしれ

ませんが、まず最初に、背骨は棒のように固いものではなく、ひものように柔らかいモノであるとイメージしてください。背骨というのは一本の棒ではなく、24個の骨（椎骨）が縦に並んでいるだけで、真珠のネックレスのようなイメージが近いです。

実は多くの人は、背骨ではなく筋肉で立っています。これでも自立はできるので問題はなさそうですが、これでは身体全体をドラム缶のように固めてしまうので、動きを著しく制限してしまいます。

本来、身体を動かすために使う筋肉を、姿勢を固めるために使うというのは、非常に非効率的といえるでしょう。

では、やわらかい背骨をどうやって軸のように安定させるのかといえば、「引っ張る」のです。ひもを上下にピーンと張った状態になれば、軸として姿勢はピタッと維持できます。

背骨の骨と骨の間には、椎間板という平べったいゴムのようなものが挟まれています。

背骨ではなく、
筋肉で固まった状態

背骨がピンと張って、
筋肉は緩んだ状態

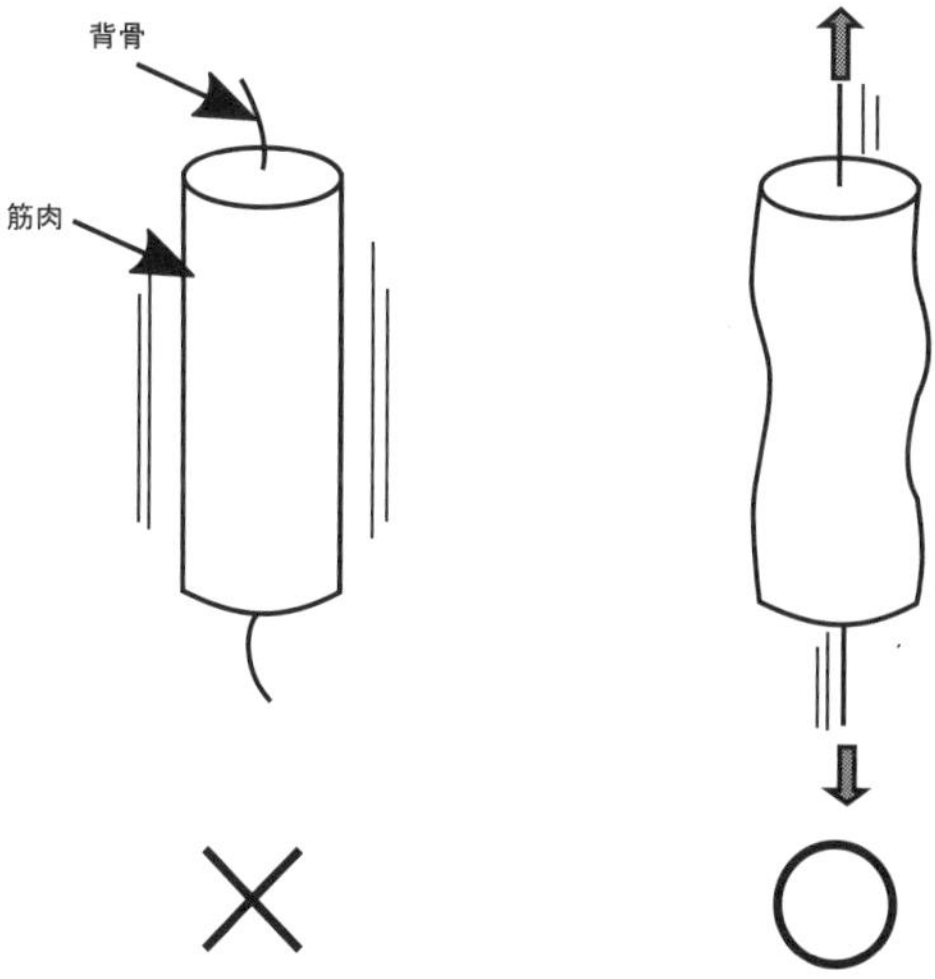

ポイントはこの椎間板です。背骨の柔らかさというのは、背骨と背骨の隙間、つまり椎間板にあるのです。

だから、柔らかい背骨を軸のように強くするためには、この背骨の間をなるべく引っ張って広げれば良いのです。

人間は年を取ると身長が低くなりますが、これは決して骨が縮んでいるわけではなく、骨の隙間にある椎間板が狭くなってきたからなのです。この隙間が狭くなれば

背骨は伸ばすと、とても長い

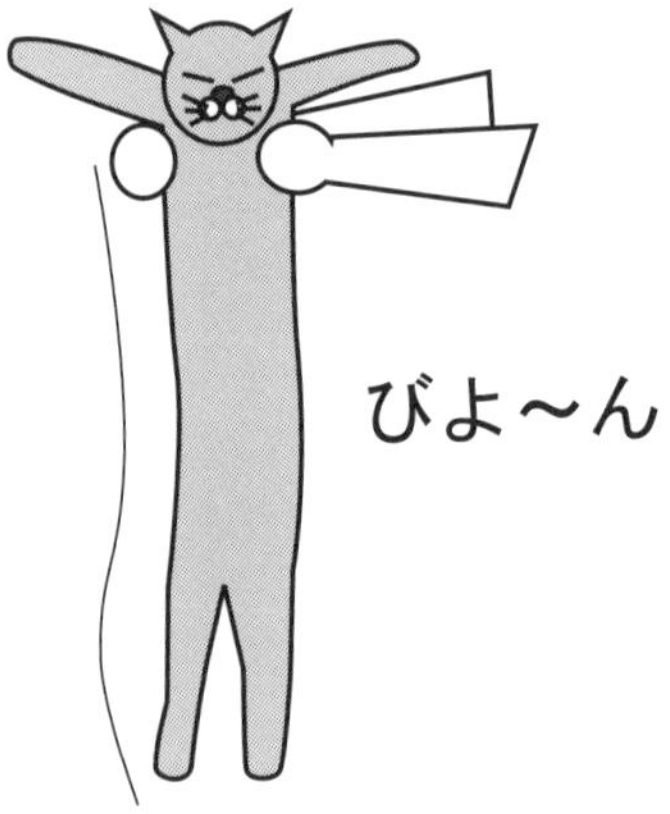

なるほど椎骨同士がぶつかり合うので、背骨全体の柔らかさが失われ、可動域が狭くなってしまいます。

骨を引っ張るといっても筋肉を全く使わないわけではありませんが、あくまでも骨を動かして引っ張るという感覚が必要です。

立った状態（座ってもＯＫ）で、背骨を思いっきり伸ばして引っ張ってみましょう。最初は、背骨だけでなく上半身全体に力が入ってもＯＫです。

背骨をしっかり伸ばす力を出したまま、息を吐きながら肩の力を抜いてください。最初は肩の力を抜くと背骨を引っ張る力も緩んでしまうと思いますので、もう一度、上半身に力を入れてさらに伸ばします。

背骨を伸ばしたら、また肩の力だけを抜きます。

これを繰り返してトレーニングしていくと、段々と肩の力を入れずに背骨だけを伸ばして引っ張るという感覚がわかってきます。

背骨を引っ張る力というのは、背骨に近いところにある筋（スジ）や靭帯に力を入れて引っ張るという感覚です。そのため、姿勢を正すというのは、背筋（せすじ）を伸ばすのであって、背筋（はいきん）を伸ばすのではないということなんです。

注意点を一つ。背筋を伸ばす時に、腰や下半身などが緊張しないようにしてください。これをやると、かえって緊張によって腰椎や仙腸関節などの関節の隙間がなくなってしまいます。

仙腸関節というのは、仙骨と腸骨が合わさる部分です。整体などでは、この仙腸関節のずれがあらゆる身体の不具合のもとだと言う人もいるくらい、とても重要な関節です。仙腸関節だけが身体の全ての不具合のもとではありませんが、身体にとって重要な部位であることは間違いありません。

背骨を引っ張る感覚の時には、仙骨の隙間も広がるようにしてください。背骨を引っ張っ

筋肉ではなく、背骨で立ち上がる

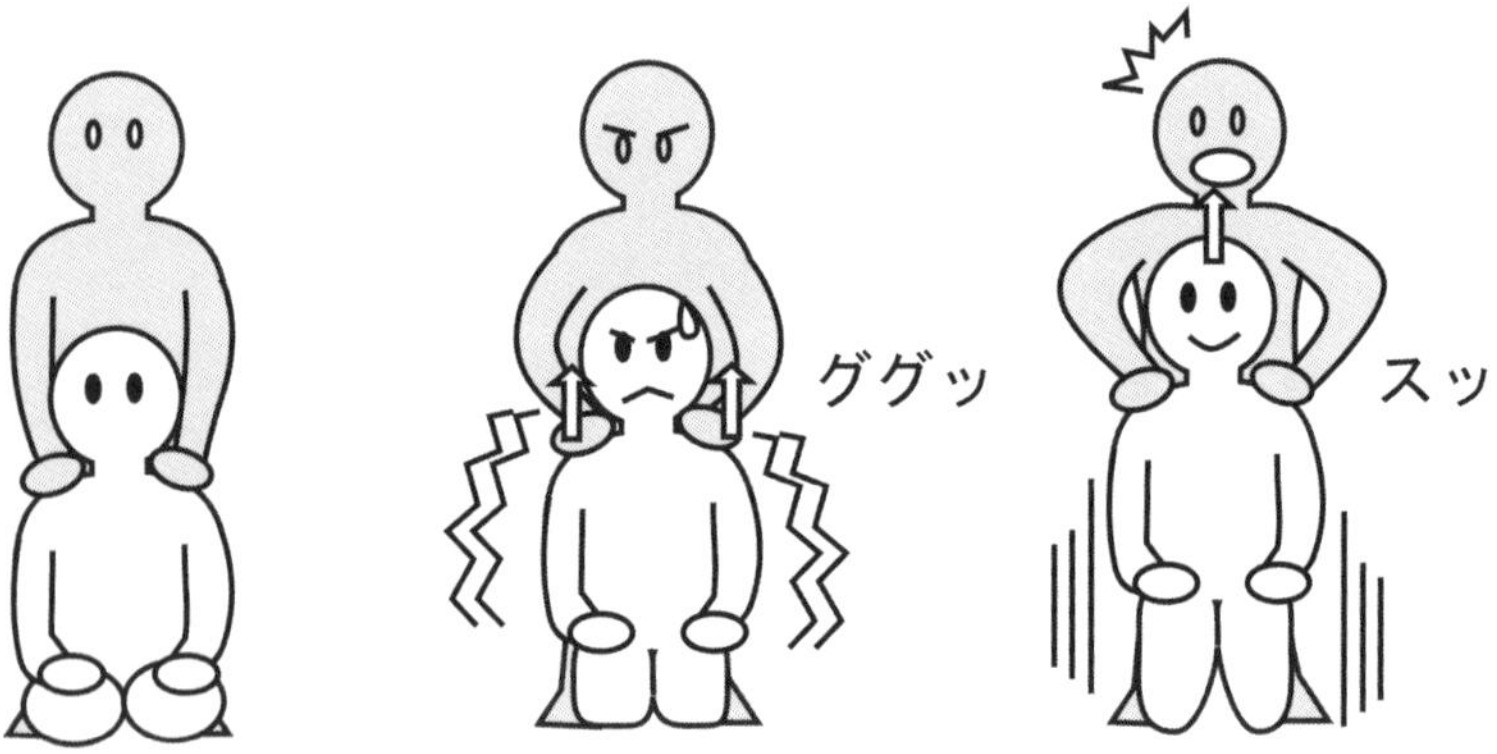

ている時は、背骨の隙間はもちろん、股関節や膝関節、足首等の関節も、ギュッと力が入って詰まらないように気をつけましょう。

背筋を正しく伸ばせているかを確認するためのエクササイズを、一つやってみましょう。正座した状態で、背後から誰かに両肩を上から押さえてもらいます。この状態で上半身ごと立ち上がろうとすると、肩の押さえとぶつかって身動きが取れず、かなりキツいと思います。

今度は、背筋を伸ばすように、背骨だけを意識しながら上に伸びるように立ち上がってみます。背骨を伸ばしながら、肩は逆に緩んで下がっていくようなイメージです。すると、肩を押さえられたことを感じないほど、楽に立ち上がることができます。

背骨は、棒高跳びの棒のように、丈夫さとしなやかさの両方の性質を持っています。ちなみに棒高跳びの棒は、昔は木や竹が使われていましたが、現在はグラスファイバー（ガラス繊維）やカーボンファイバー（強化プラスチック）が主流で、材質が変わってからは記録が大幅に伸びたそうです。

背骨も、グラスファイバーでできた棒高跳びの棒のように丈夫でしなやかになれば、目の前に立ちはだかる壁がどんなに大きくても、きっと乗り越えられるでしょう。

良い姿勢を保つために、背筋（はいきん）ではなく背筋（せすじ）を伸ばす感覚を身につけてください。そうすればきっと、「あなたはスジがいい」って褒められますよ。

腕を短く使う

身体というのは、じっとしている時も決して固まっているのではなく、わずかにユラユラと揺れており、常に微妙にバランスを取り続けています。何だか不安定な感じもしますが、このようにユラユラと動いているからこそ、身体はいつでも自由に動かせるのです。

しかし、背骨の時にも話しましたが、背骨ではなく筋肉で軸を作ってしまうと、このユラユラが失われて、身体は電柱のようになってしまいます。安定していいじゃないと思う人もいるかもしれませんが、この状態では身体は動かせないし、じっとしている時もかなりエネルギーを浪費しています。

理想的な姿勢としては、「やじろべえ」のような状態です。背骨で作った軸を、体幹や左右の腕などでバランス調整します。ただし、腕でバランスを取ることに集中しすぎると、腕は自由に動かせなくなってしまいます。

例えば、片足立ちをしてみましょう。この状態で左右の腕でバランスを取りながらキャッチボールはできるでしょうか？　難しいですよね。左右の腕で姿勢のバランスを取っているのですから、もしキャッチボールをしたら片足で立っていられなくなります。

座っていれば腕は自由に使えると言うかもしれませんが、人間の姿勢というのは思っている以上に不安定で、常に身体の揺れを修正する必要があります。しかし、手作業に集中すると、腕がバランスを取ってくれない分、身体を緊張させて固めてしまいます。デスクワークなどで長時間作業をした後は、身体が固まってこわばった経験がある人は多いのではないでしょうか。

ではどうやったら、腕で身体のバランスを取りながら、手作業もすることができるのでしょうか？

この問題を解決するには、「腕」というものを、もう一度考え直す必要があります。

腕が身体のどの部位を指すかと言えば、「肩から手首まで」と答える方がほとんどでしょう。しかし実は、昔は肩から肘までを「かいな」と言い、肘から手首までの部分を「うで」と言っていました。つまり肘から手首までが本来の腕であり、肩から肘は二番目の腕という意味で「二の腕」とも言われるのです。

二の腕の語源も諸説あるのですが、ここで重要なのは、腕を肩から手首まで一本の棒のように考えるのではなく、肩から肘、肘から手首という二つに分けて考えることです。

ちょっと言葉が混乱しそうなので、ここからは肩から肘を「上腕」、肘から手首を「前腕」と表現させていただきます。ちなみに手首から先は「手」という表現になりますが、今回は手も前腕に含めておきます。

腕がそもそも上腕と前腕の二つに分かれているのならば、先ほどの問題は解決の糸口が見えてきます。

バランサーの役割は上腕が、手作業の役割は前腕が受け持つのです。もちろん、あらゆる動作において絶対というわけではなく、実際には役割交代もあります。しかし、基本的な考え方として前記のように考えておくと、腕の使い方がわかりやすくなります。

パソコンやスマホを使うような作業は、前腕だけで行います。逆に言えば、この作業に上腕を使ってしまうから、肩や首が凝ってしまうのです。上腕は、バランサーとして常にリラックスしている必要があります。

座っている時でも、そうやって上腕が上手に姿勢のバランスを取っているから、上半身が緊張で固まることもなく、前腕の手作業でデスクワークを行えるのです。この時に上腕は意識的にバランスを取ろうなんて考える必要はなく、力を抜いてリラックスさえしていれば自然にバランスを取ってくれます。

上腕と前腕を使い分ける感覚を体感するために、上腕をひもなどで身体に縛ってみます。この状態でパソコンやスマホをいじってみます。肘が身体にくっついているので動かしづらいとは思いますが、できる範囲で動かして、なるべく上腕、特に肩が緊張しないようにしてください。

どうですか？　この状態で手作業をすると楽じゃありませんか？　この状態で作業をし

上腕をひもでしばって、
前腕だけで作業すると疲れづらい

ている限り、基本的に肩凝りは起きないはずです。

金づちで釘を打つ時も、上腕＋前腕で打つと肩が疲れますが、上腕をひもで身体に縛ったまま前腕だけで打ち続けていれば、肩が疲れることはありません。

大道芸でバランスボードの上に乗ったままジャグリングをしているのを見たことがあると思いますが、この時も、脱力した上腕がその重みで身体のバランスを自然に取りながら、肘から先の前腕でジャグリングをしているのです。

もしこれを、上腕＋前腕でジャグリングすると身体のバランスが取れなくなるし、上腕＋前腕でバランスを取ってしまえば、ジャグリングができません。

**腕全部でバランスを取らずに、
肘から先を分離すると自由に動かせる**

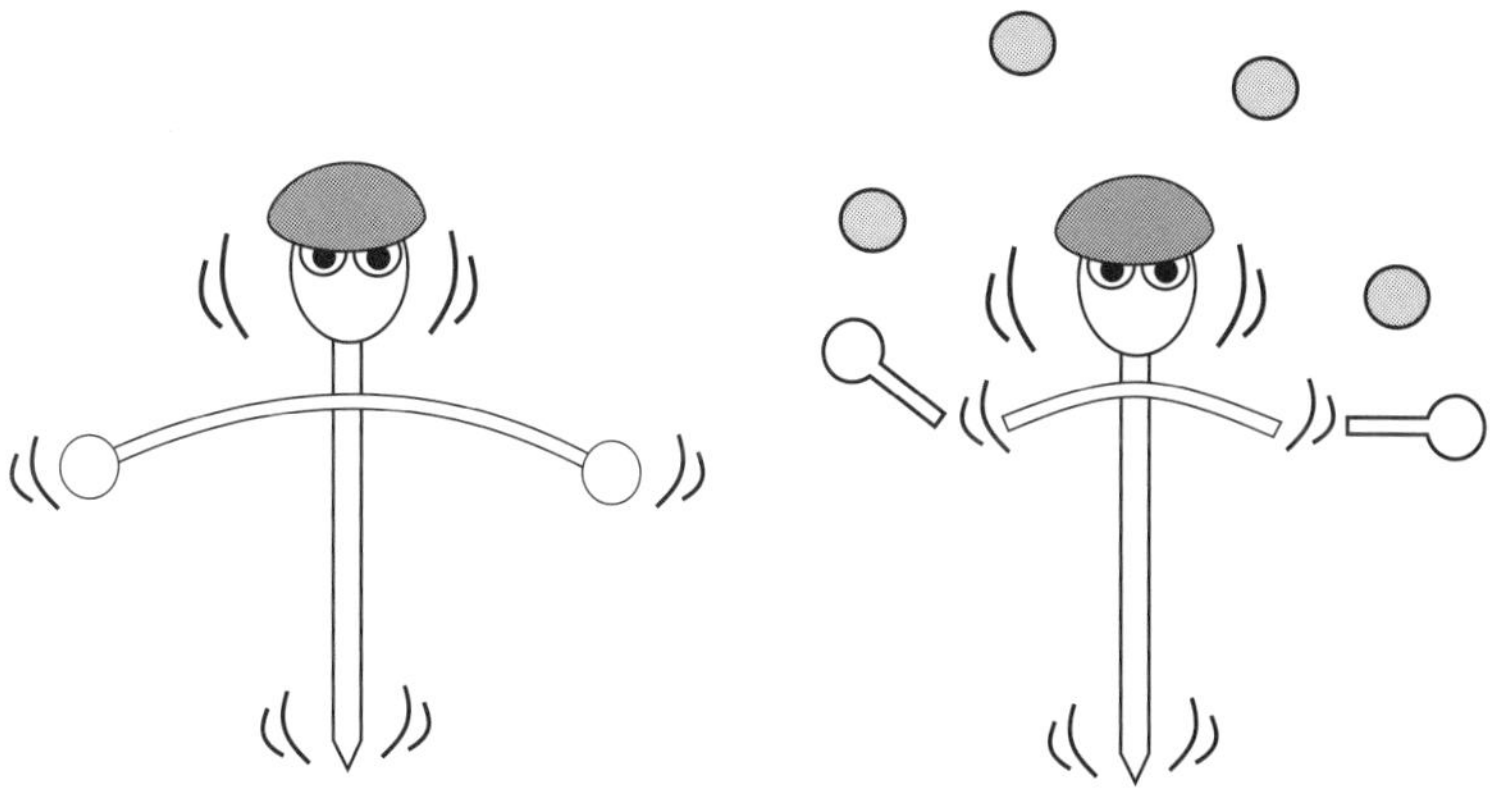

腕を肩甲骨や鎖骨から伸びているものと考え、「長く使う」という発想はよくあります。しかし逆に、腕を「短く使う」という発想は、ちょっと珍しいかもしれません。しかし、腕を分割して使うからこそ、腕全体の力のコントロールがうまくできるのです。

腕を長く使うも良し、短く使うも良し。使い分けができれば、それでいい。そういうのを一長一短と言うんです。

あごを上げよう

身体全体のバランスを考えると、人間の頭の重さというのは不自然なほどに重い。その重さゆえに、二足歩行になった人間は肩凝りや腰痛に悩まされるようになったと言われます。だからこそ、頭のポジションを変えると、身体の感覚は大きく変わります。

まず最初に考えなくてはいけないのは、頭の重さは主に頭蓋骨（脳）の部分にあるということです。「顔」は含みません。頭の重さというのは、頭全体の後ろ半分、後頭部だけをイメージしておけば良いのです。

そして、その頭の重さを支える首に関しても、首周り全体ではなく、首の骨をイメージする必要があります。首の前の部分はのど（気道）であり、呼吸の出入り口です。ここに頭の重さを乗せてしまうと、呼吸に圧迫感を与えてしまいます。

頭と首をざっくり前後に分けたイメージに変えただけでも、頭や首のポジションについ

頭を前後に分ける

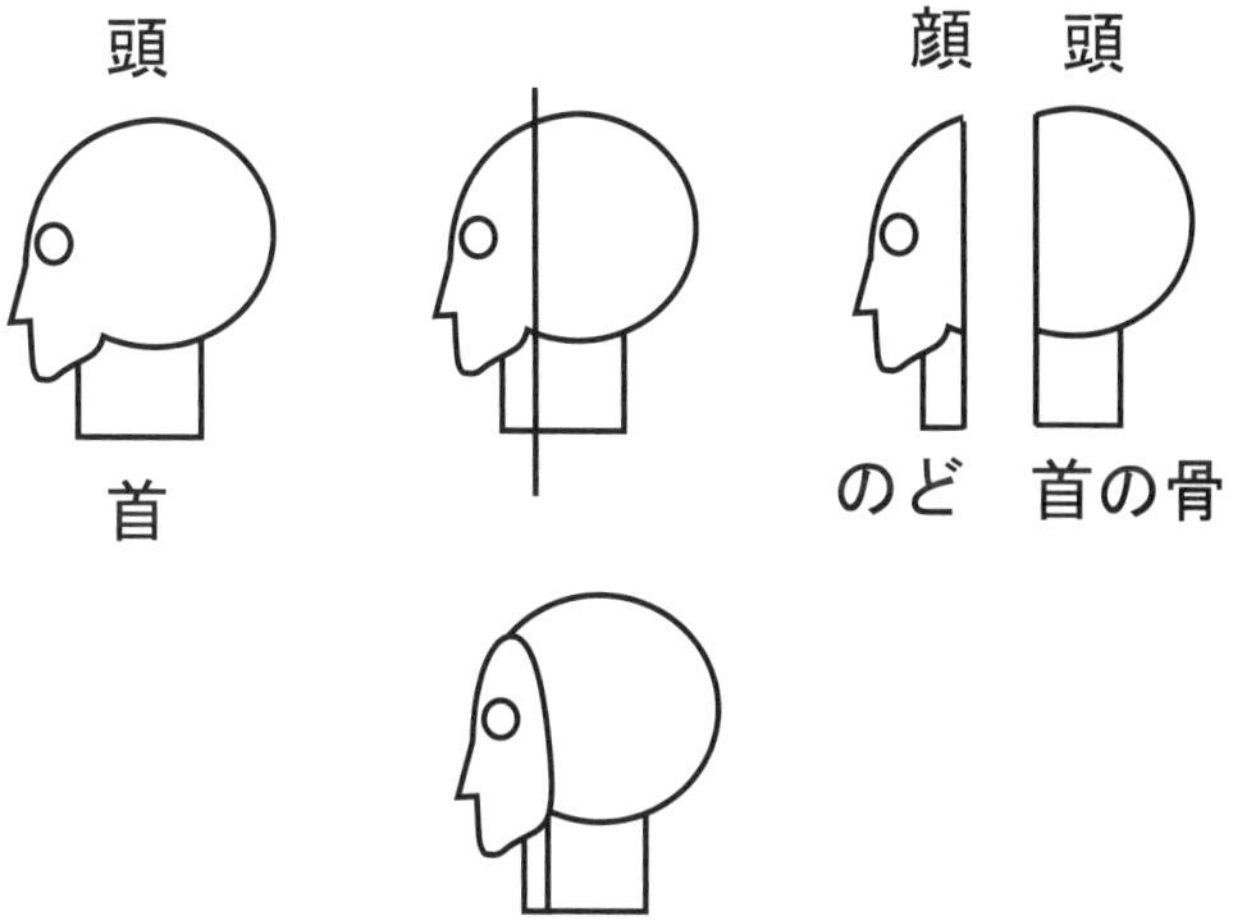

ての感覚はずいぶん違ってくると思います。

では今度は、頭のポジションを探してみましょう。身体はまっすぐにしてリラックスして立ち、ゆっくりと頭を前後に動かしてみます。

ポイントは先ほど説明した通り、後頭部と首の骨を意識してバランスを取ること。そうやって頭の位置を微調整していくと、後頭部の重さが首の骨の上にちょこんと乗った感覚が出てきます。

その位置にくると呼吸が楽になり、

頭の位置は上向き加減がニュートラルポジション

頭の重さが解放されて楽になるはずです。個人差はあると思いますが、頭が楽に乗る位置は、顔がやや上向き加減になると思います。

この少しあごが上がった姿勢に違和感を感じる人もいるかもしれませんが、実はこのポジションこそが頭のニュートラルポジションになるのです。

人間を四つん這いの状態にして考えてみましょう。その状態で生活していると考えるならば、頭の位置はどうなるでしょうか？　当然、目線は斜め前を向いていると思います。

最初から直立した状態をベースにして姿勢を考えると、顔を前に向けなくてはと考えてしまいます。しかし、その顔の位置で四つん這いになってしまえ

正しいあごの引き方

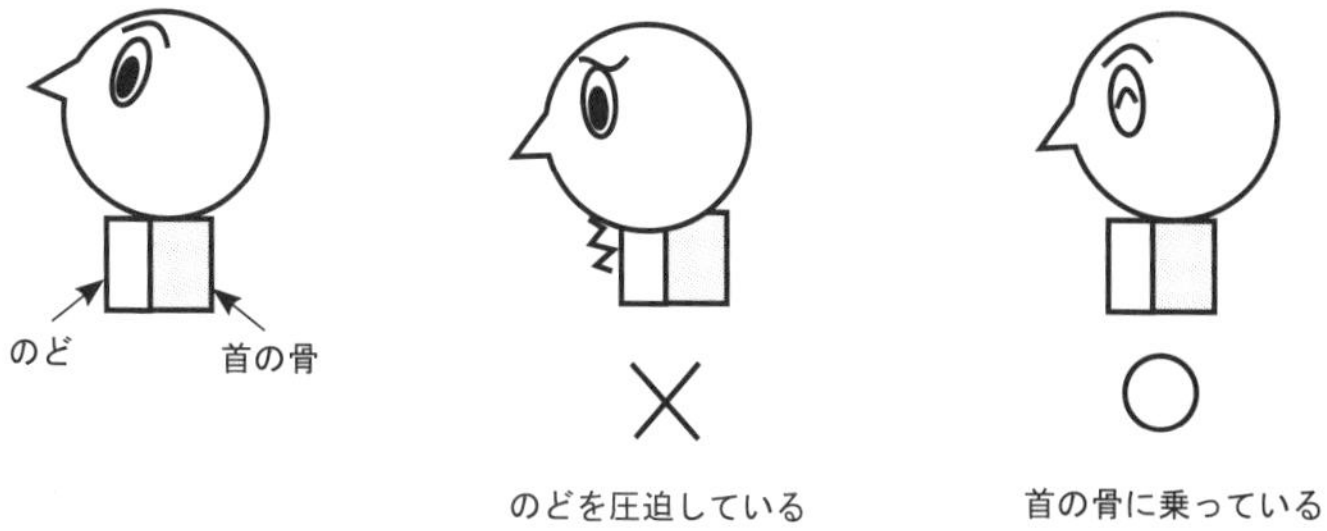

ば、顔は地面しか見ることができません。

つまり四つん這いでは、頭の位置はやや斜め前を向いた状態のほうが自然なので、直立した時もやや顔が上向きの状態が基本となります。

とはいえ、人間は直立姿勢のまま生活しているのですから、常に顔が上を向いているというわけにはいかないので、顔の向きだけをやや下側に向け、前を向きます。

これが姿勢における「あごを引く」ということです。あごを引くというのを、単にあごを首に近づけるという意識でやってもあまり意味がないし、下手するとのどが窮屈な感じになってしまいます。

そうではなく、先ほどの首の上に後頭部が乗った状態を維持したまま、のどの部分を圧迫しないように顔の向きを前にします。頭の楽なポジションという意味では、まっすぐ前を向いた状態よりも、むしろ少しあごが上がっている状態くらいがちょうど良いのです。

例えば、何かのにおいを嗅ごうとしてスーッと息を吸う時に、顔が少し上を向きますよね？　これはなぜかと言えば、そのほうがのどが楽だからです。顔を下に向けたまま息を大きく吸おうとすると、空気をいっぱい吸い込めません。

頭の重さは首の骨で支え、のどは常に解放しておきましょう。

繰り返しになりますが、骨の隙間を広げるというのも大事な感覚です。だから、首の骨に乗っている頭のポジションを見つけた上で、頭と首の骨の間の隙間をなるべく広げておきましょう。

頭を動かしている時、いつも首の骨の隙間を広げるように意識すれば、スムーズに動かすことができます。これが上手にできない人は、首を動かす時も首の骨ではなくのどをねじって動かしてしまい、呼吸も筋肉も窮屈になってしまいます。

頭を正しいポジションに置いて、さらに骨の隙間を作って動かせれば、頭の重さはほと

んど感じることはなく、のどは常に解放されているので、呼吸も楽になります

デスク作業などの際は、どうしても顔を下向きにしなければなりませんが、その時も頭と首の骨の間の隙間を広げるようにして角度を作ります。あくまでも、のどをふさがないように気をつけましょう。

尺八という楽器では、あごを振るだけでも3年かかるということから、何かを身につけるには年月を要するという意味で「あご振り3年（首振り3年とも言う）」という言葉があります。

これは、あごの使い方がうまくならないと呼吸がうまくできないと解釈することもできます。また、疲れるとあごが上がるというのは、呼吸を少しでも楽にしようとあごを上げているのです。

普段、あごに気をつけている人なんていないと思いますが、頭のポジションを決める時には、あごを上手に使って動かすことが大事です。

ただし、くれぐれも人を「あごで使う」ようにはならないように気をつけましょう。

座骨で歩く

座骨ってどの骨だかわかりますか？　座面の固い椅子にお尻を押しつけてみると、ゴリゴリと骨があたる感触があると思います。この骨が座骨です。

この座骨の幅は感覚的にどれくらいか、自分の左右の人差し指で広げて示してみてください。実際にいろいろな人に聞いてみたら、指で示した座骨の幅が20センチくらいの人が多く、人によっては30センチくらいを示す人もいます。

実は、日本人の座骨幅の平均は10～13センチくらいです。多くの人が感じている座骨の幅は、実際の座骨幅よりもかなり広いのです。とはいえ、自分の座骨の幅なんて知らなくても日常では困りませんよね。

でも自転車で長距離を走る人でしたら、座骨幅というのはとても重要です。もし自転車のサドルが細すぎると、座骨がちゃんとサドルに乗らずにはみ出してしまって姿勢が安定しないので、長時間運転することがキツくなります。だから、自転車専門店では座骨幅を測るための計測器がちゃんと置いてあるところもあります。

自転車に乗らないから自分は関係ない、なんて言わないでくださいね。自分の座骨の幅をちゃんと知ることは、実は日常動作にも大きな影響があるのです。

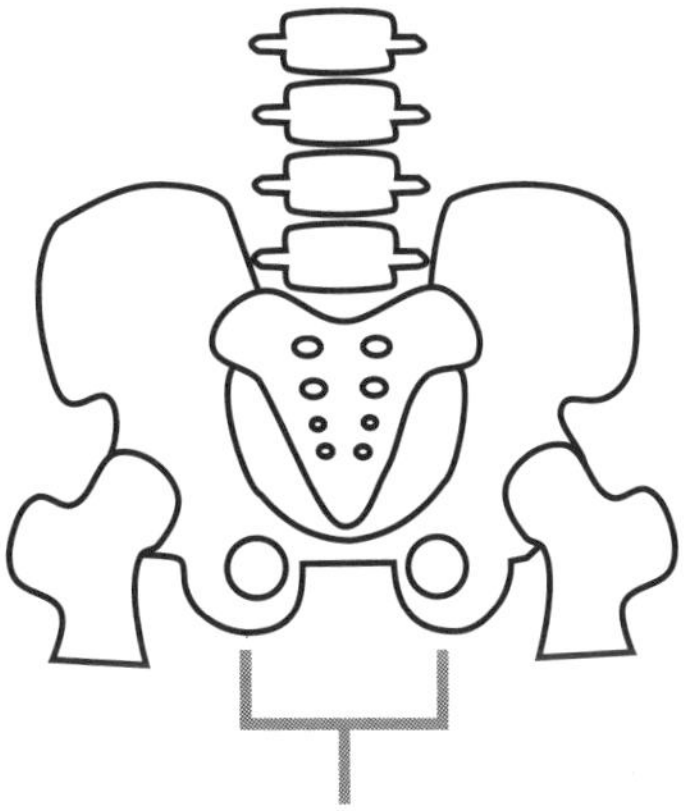
座骨幅 10 ～ 13 センチ

多くの方は、人間が立ったり歩いたりする時には、足で立って足で歩いていると思うでしょう。もちろん間違いではないのですが、実はこのイメージを変えることで、身体の使い方がガラッと変わるのです。

立っている時も歩いている時も、足ではなく座骨で立ち、座骨で歩き、座っている時も座骨で座るという感覚を作ります。

両足の感覚だと、立っている時、椅子に座っている時など、姿勢が変われば身体を支えている感覚が変わります。歩いている時も、歩幅が狭い場合と広い場合で感覚が違ってしまいます。

しかし座骨感覚があると、立っている時も椅子に座った時も胡座で座った時も、座骨の感覚は変わらないし、歩いている時に歩幅がどんなに変化しても、座骨幅の感覚は変わりません。

どんな姿勢や動作においても全部同じ姿勢感覚を保てるのが、座骨感覚の最大の利点です。

では、座骨感覚をつかむためのエクササイズをやっていきましょう。

まずは、先ほどやったように固めの椅子に座って、ゴリゴリと座骨を押しつけて位置をしっかりと確認。座骨の位置を確認できたら、座骨を座面に向かってしっかり垂直に押し当てましょう。

座骨を座面に向かってまっすぐ押せたなら、その反力で身体をまっすぐ背伸びします。この時の背伸びは、背骨の軸の話の時と同じように、なるべく背骨の隙間を広げるような感覚です。

次に、床にお尻を下ろして椅子の座面と同じように座骨をつけて座ってください。そのまま、座骨歩きをしましょう。座骨をしっかり意識しておかないと、座骨ではなくお尻歩きになってしまうので注意です。

前に出した足は、伸ばしたままでも曲げていても構いませんが、基本的に両足は「ない」と考えてください。自分の身体は座骨で支え、座骨という足で歩いているという感覚です。ある程度歩いたら、今度は後ろ歩きもしてみましょう。常に身体はまっすぐです。最初のうちは、座骨歩きをしていると足や背中などいろいろなところがキツくなるかもしれません。それは座骨歩きができてないからです。座骨で歩く感覚が身についてくると、あくまでも座骨で歩く、という感覚のみの力加減になります。

座骨で歩く感覚がわかってきたら、今度は膝立ちの姿勢になってみましょう。

今度は座骨が地面から離れているので、座骨が棒のようにまっすぐ伸びて地面に刺してあるというイメージを持ってください。自分の両足は身体を支えているのではなく、股関節からぶら下がっているだけという感覚です。

では、先ほどと同じように、座骨を意識しながら歩きます。両足はぶら下がったまま座骨歩きに振り子のようについていくような感覚です。

すると、非常に軽く足を運べる感覚があると思います。感覚がつかみづらかったら、一度座骨の感覚を消して、両足に交互に体重を乗せるように歩いてみてください。そうすると、移動する時に身体がとても重たく感じると思います。

では、最後に立ってみます。

ここまでくればもうわかりますね。やはり座骨で身体を支えている感覚のまま、股関節からぶら下がっている振り子のような足を動かして歩いてみましょう。

これが上手にできるようになると、まるで身体が軽くなったように楽に動けます。

座骨で歩くという感覚は、自転車の運転にも近い感覚です。自転車に乗っている時、身体の体重はサドルに乗せたまま、足はペダルをこいでいます。自転車のサドルに乗ったま

座骨が地面に刺さって身体を支え、
足は振り子のように自由に動く

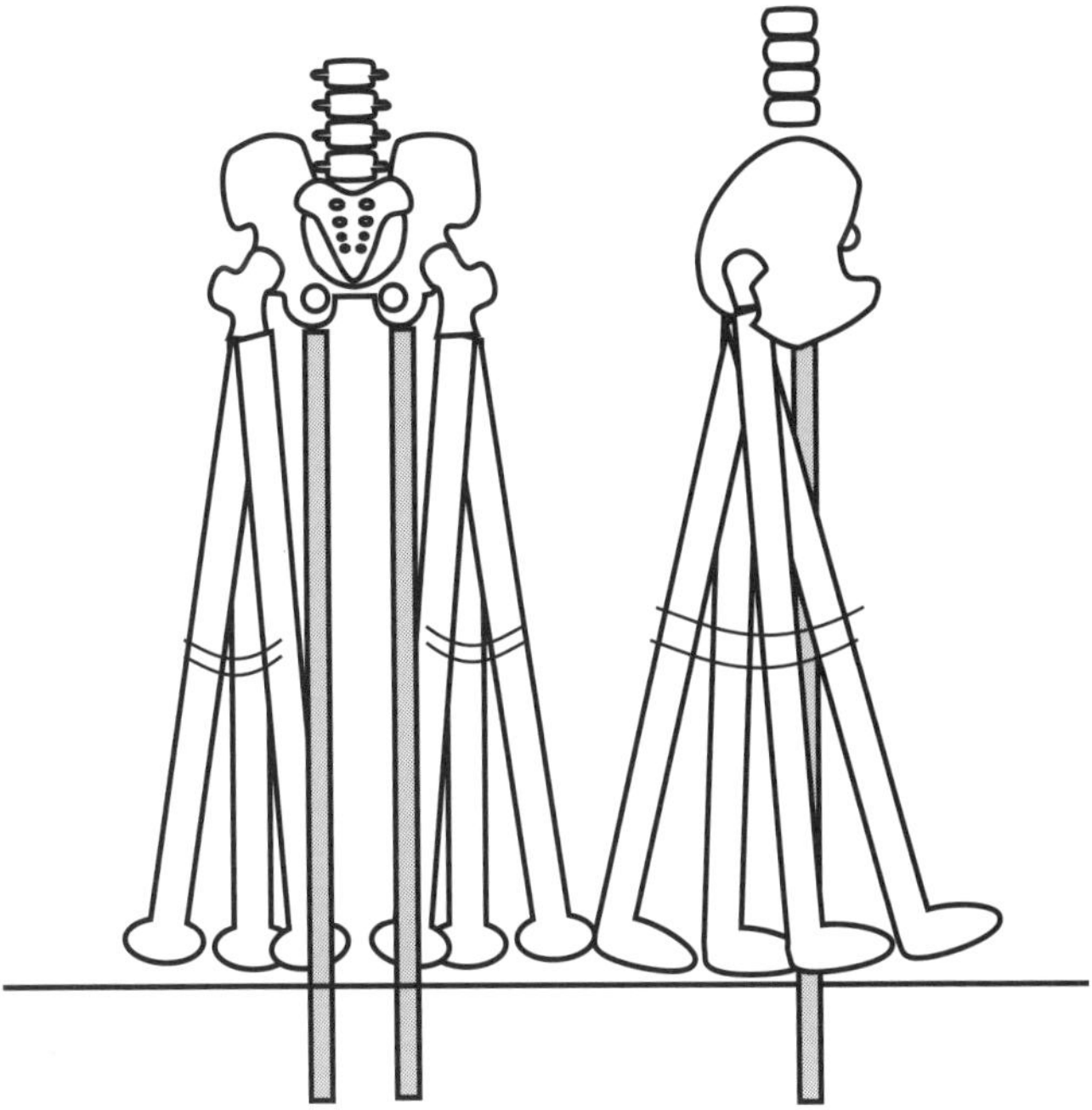

自転車に乗っているように歩く

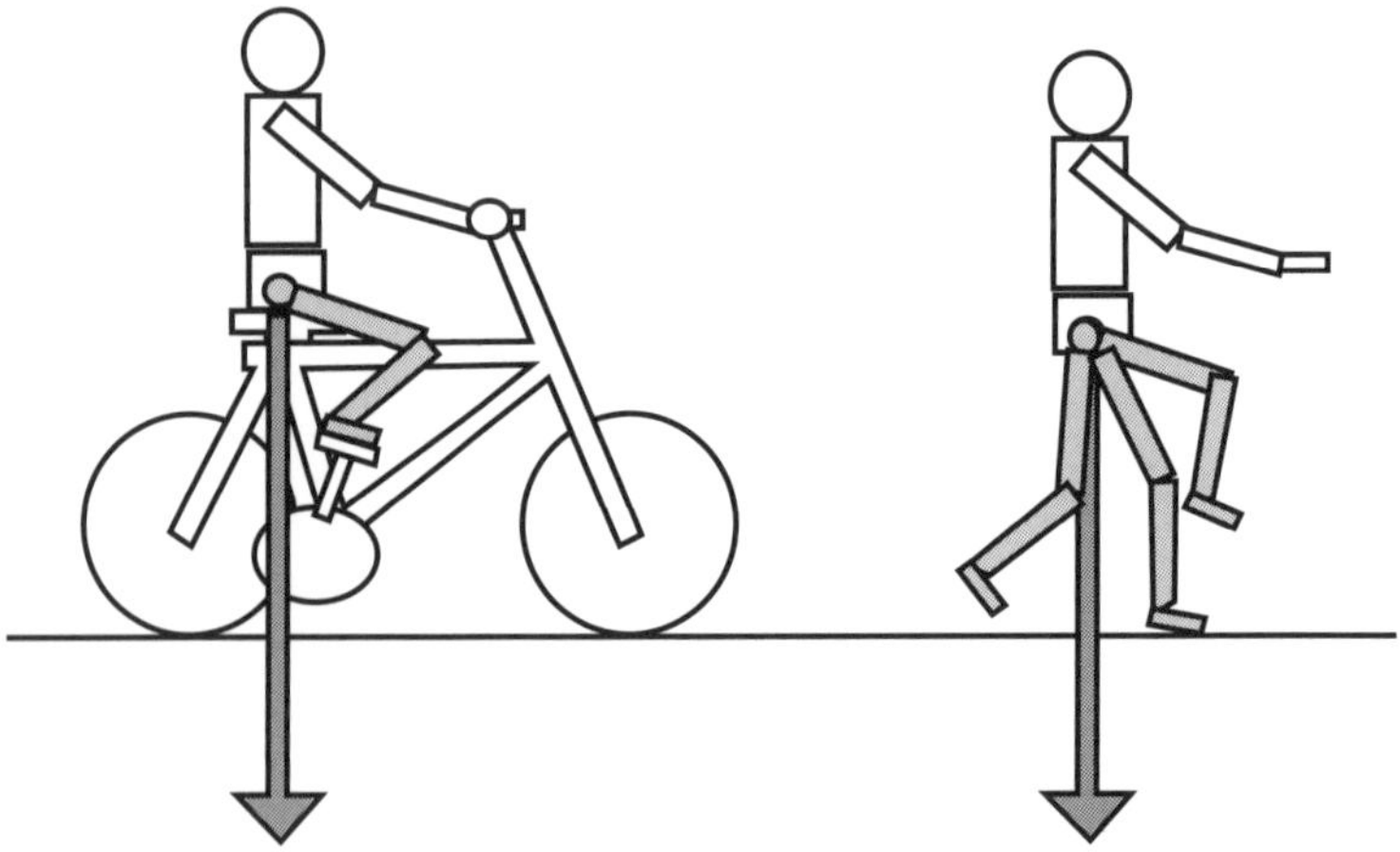

ま自転車をこぐようなつもりで、歩いてみます。そうすると、足に体重を乗せるのではなく、座骨（サドル）に座ったまま足を動かす感覚が出やすいと思います。

膝が痛くて歩くのがつらいという人がこの自転車をイメージした歩き方をしたら、歩くのが楽になったケースもあります。

日常の動作、姿勢全てに使えますので、ぜひ座骨感覚をマスターしてください。これぞ動きの「THE・コツ」です。

第4章

動かない身体

karada

脱力って何だろう

身体の使い方を学ぶ上で避けて通れないのが「脱力」です。そして、脱力の反対語といえば「緊張」です。

しかし、まず最初に理解してもらいたいのが、脱力は緊張を否定しているものではないということです。人間は全身の力を抜いたら立つことも座ることすらできませんから、姿勢を保つための緊張は必要です。力を抜くといっても、身体には力を抜いていい部分と抜いてはいけない部分の両方があるのです。

言われてみれば当たり前と思われるかもしれませんが、言葉によって無意識にフィルターがかかり、「脱力」することが良いのだったら「緊張」することは悪いと思い込んでしまいます。

脱力というのは、あくまでも無駄な力を抜くことであって、「力」そのものを否定しているわけではないのです。上手に脱力できているということは、上手に力を入れることもできるということです。

だから、「力」そのものに良いも悪いもなく、あるのは力を上手に使いこなせているかどうかです。これは、身体の使い方を指導する時にとても重要なことです。

「力を抜いて」「力が入りすぎ」「力が出てない」、そういうアドバイスをされた時、身体の使い方に慣れている人ならば、素直に「はい」と答えられるかもしれません。しかし、初心者にしてみれば、これらのアドバイスでは迷ってしまいます。

初心者にとっては、力を抜くことと力を入れることは同時には成立しないのです。だから、「力を抜いたまま、手を動かして」と言われた時には、頭の中で「?」となります。

それでも言われた通りに手を動かすと、「だめだめ、力が入ってる、もっと力を抜いて」と言われ、ますます「???」となるのです。「力を抜いたら動けないし、動いたら力が入るし…。どうすれば良いのだろう…」となってしまいます。

脱力とか緊張については、大ざっぱに指導しても効果が出にくいでしょう。身体のどこに無駄な力が入っていて、どこの力を抜かなければいけないのか、そしてどの部位だったら力を入れても良いか、というところまで細かく指導する必要があるのです。

脱力を学ぶとは、力を上手にコントロールできるようにすることなんです。そのためには、身体を細かく使い分けることが重要になってきます。

「肩に力を入れて」と言えば、皆さんできると思います。しかし、肩の「どの部分に力を入れたのですか?」と聞かれたら、何となく肩のあたりという程度のイメージだと思います。

肩のある特定の部位を指して、「この部分だけ力を入れて」と言ったらできるでしょうか。言われた部分だけに力を入れるというのは、結構難しいのです。

「肩に力を入れてください」と言った時、同時にギュッと手を握り締める人がいたら、その人は肩の緊張と手の緊張が一緒ということになります。だから、肩の力を抜いてと言

緊張タイピング

えば、その時に手の緊張も取れます。
これって逆に言えば、手を緊張させている間は肩も緊張しているということです。

パソコン作業の時に使っている主な部分は、手や指です。であれば、長時間キーボードを使用しても、疲れるとしたらそれは手や指であり、その間は肩の力が抜けていても良いはずです。

ところが先ほどのように、肩と手の緊張が一緒になっている人がキーボードを操作すれば、その操作中ずっと肩に力が入っているということです。肩の力を抜

腕全体をリラックスさせて振るのは楽だが、手を握り締めるだけで動きがギクシャクしてしまう。

いてしまうと、手の力まで抜けてしまって、作業ができなくなるからです。

立った状態で身体をねじって、腕をでんでん太鼓のように振ってみると、リラックスしていれば楽に腕を振れると思います。

次に、手を思いっきりギュッと握り締めたまま同じことをやってみると、途端に腕を振る動きがぎこちなくなると思います。手を握り締めたからといってそれ以外の部分に力を入れる必要はないのに、無意識に身体の他の部分にまで力が入ってしまう。これが緊張のブロックです。

立っている時、下半身は緊張させても、上半身は脱力しておくことが可能なはずです。右手で作業している時は、当然、左手の力は抜いて良いわけです。右手を動かしている時でも、指を動かしている時は、それ以外の肘や肩の力を抜いておいても良いはずです。そうやって身体の中の使い方がわかってくると、身体のどこの力を抜いて、どこに力を入れれば動きをスムーズにできるかが自然にわかってきます。

先ほどのパソコンの例であれば、キーボードを使っていると肩が凝る人に対して、「肩の力を抜いて」というアドバイスだけでは役に立ちません。手や指の緊張と肩の脱力というものを、身体の感覚として分けて使えるように指導していくことが重要です。

脱力を学ぶためには、緊張とのバランスも一緒に考えることが必要です。

白黒スイッチ

力というものは単純に言ってしまえば、スイッチのオン（緊張）とオフ（脱力）の組み合わせにすぎません。力を入れるか入れないかの2通りだけです。

そして、緊張と脱力を上手に使い分けるには、このスイッチを増やす必要があります。

例えば、身体全体でスイッチが一つしかなかったら、身体は緊張しているか、脱力しているかのどちらかしかありません。このような身体では、緊張した状態から徐々に力を抜くなんてことはできません。

では、身体にもう一つスイッチがあれば、今度は二つのスイッチが入った状態（緊張、緊張）、どちらかのスイッチが入った状態（緊張、脱力）ｏｒ（脱力、緊張）、全部のスイッチが消えた状態（脱力、脱力）の4通りがあります。そうすると、全緊張から全脱力まで

スイッチが一つではオンとオフしかないが、
スイッチがたくさんあれば、組み合わせも増える

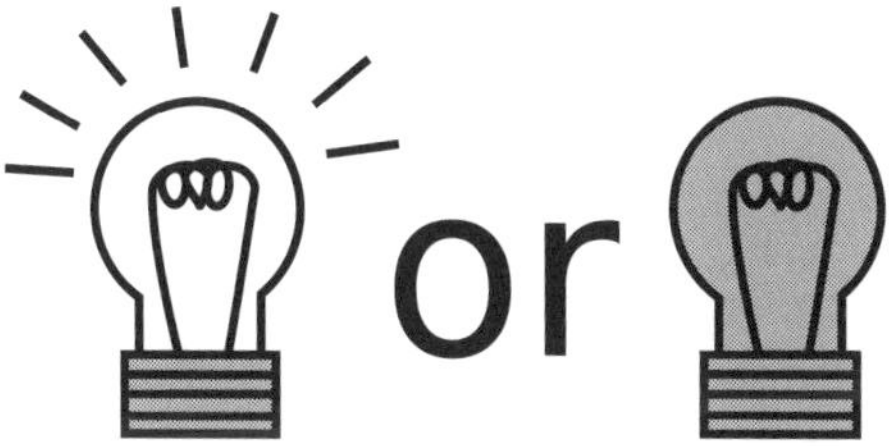

に中間の状態が生まれます。

スイッチがもう一つ増えて三つになったなら、緊張と脱力の組み合わせは8通りになります。このようにスイッチが増えるほどに、緊張と脱力の組み合わせの数は無限大に増えていきます。

新聞の印刷というのは白と黒の点（ドット）の集まりで、単純に考えれば白色か黒色でしか文字や写真を表示することはできません。しかし、白と黒のドットの数を細かく組み合わせることで、グレー（灰色）などの中間色も表示させることができ、その配分によって文字や写真などを綺麗に表示できるのです。だから、ドット数が細かければ細かいほど、色の変化を出すことができます。

これって、まさに身体の使い方と同じです。ドットを増やすことで色の濃淡を出せるように、身体のスイッチを増やすことで動きの濃淡や強弱を出せるのです。

身体の骨は約２００、筋肉は約６００あり、訓練すれば身体というのは何百ものパーツを自在に使い分けることが可能なのです。

手の指は10本あり、その指一本一本を動かすことができれば、それだけでも左右20個のスイッチがあるわけです。ところが、実際に指を一本一本動かそうとした時に、動かそうとしていない指まで動いてしまう場合は、他の指のスイッチと固まって一緒になってしまっているのです。小指だけを動かそうとしても全く動かない人は、そもそもスイッチ自体がまだ存在していません。

歩くというような単純な動きでも、スイッチを数個しか使ってない人と何十個も使っている人では、動きの質が違います。スイッチが少ない人と多い人では、関節の数が違う人形を動かしているようなものです。

「あなたは立てていますか？　歩けていますか？」という質問をすれば、ほとんどの人が「できます」と言うでしょう。しかし、でき上がったスイッチによる動きが本当に正し

**スイッチ（関節）が多ければ動きが多彩だが、
スイッチが少なければ、単調な動きしかできない**

くて問題ないのであれば、これだけ多くの人が肩凝りや腰痛などに悩まされるはずはありません。

むしろ、多くの人に肩凝り、腰痛などが起きている以上、身体の使い方をもう一度見直す必要があるはずです。

人間にとって新しいことを学ぶのは楽です。なぜなら、今まで自分にないものを学ぶのだから、素直にその方法を身につけようとするからです。しかし人間にとって一番難しいのは、すでにできていることをもう一度学び直す時です。

「自分の立ち方は間違っているかもしれない」「本当にこの歩き方で良いのだろうか」。そんなふうに、すでに身についてしまっている自分の動作を、改めて見つめ直すことができるかどうかが、身体の使い方を学ぶ上でのキーポイントになるのです。

身体のどこかを怪我した時、怪我した部位だけではなく、身体のいろいろな部位の動きに影響が出たことはありませんか？

そういう時に、一つのパターンでしか身体を動かせない人は、その怪我の部位が治らない限りは同じ動きはできません。しかし、身体のスイッチを多く持っている人は、怪我をしている部位を休ませて、他の部位を使って動きを代替させることが可能です。

人間は年齢に応じて、身体の使い方も変化させていく必要があります。動きのパターンが一つしかなければ、身体の変化に対応ができません。しかし、スイッチを増やして動きのパターンをたくさん作れば、あの動きが駄目でもこの動きで、というように動作を多くのパターンで代替することができます。

怪我した時のリハビリというのは、これらのスイッチの組み合わせを新しいものに変えていく作業のようなものです。今まで使っていた身体の部位がうまく使えないので、別の部位をうまく使いこなすことで、新しい動きのプログラムを作るのです。

今までのやり方に固執してしまうと、新しいやり方はなかなか身につきません。リハビリで回復が早い人というのは、身体の使い方のスイッチやパターンを柔軟に変化させていくことができる人なんです。

プロのアスリートでも一流になればなるほど、怪我をした時にスイッチの組み合わせを

答えにたどり着くのに、やり方は一つではない

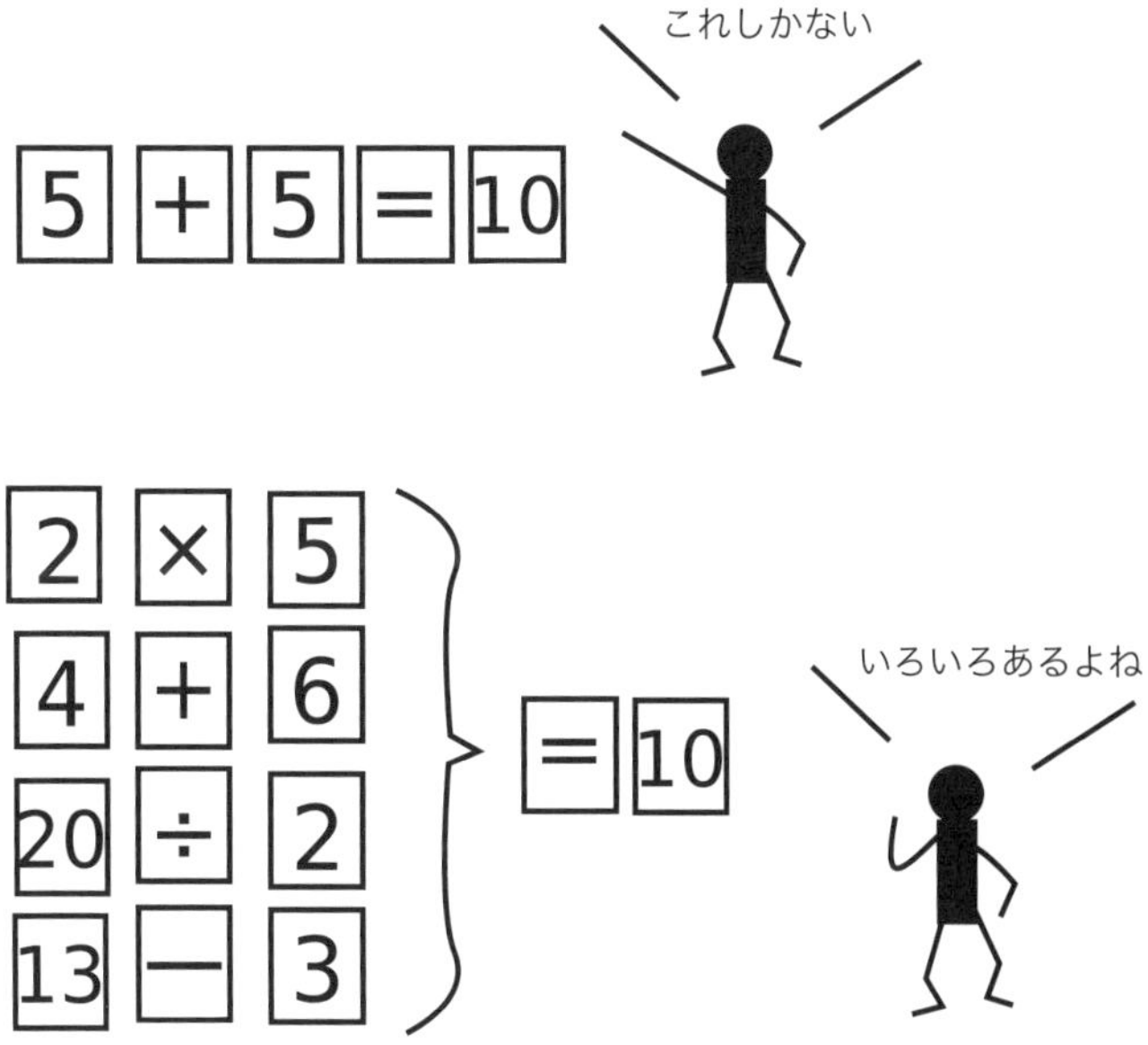

変えて、新しい動きのプログラムを作り出します。

そうやって身体の動きのプログラムを柔軟に変化させられる人は、怪我や年齢による肉体の衰えも決してマイナスにはなりません。むしろ、常に身体の状態をアップデートしていくので、若い時より、怪我をする前よりも、さらにパフォーマンスが上がることも多いのです。

身体の緊張（黒）と脱力（白）のスイッチを増やせば、年を

取ってもあなたは素敵なロマンスグレー（灰）になれる、かも。

動けない脱力

あなたは「耳に力を入れてください」と言われたらどうですか？　一瞬「えっ？」と思われた方も多いでしょうし、実際どうやって耳に力を入れて良いかわからないと思います。

次に、「今度は耳の力を抜いてください」と言われても同様だと思います。

しかし、「手を握ってください」と言われれば力を入れることはできるし、その逆に「手の力を抜いて」と言われれば、それもできると思います。

身体の中には、自由に力を入れたり抜いたりできるところもあれば、できないところもあります。その違いは何かといえば「意識的にできるか」という部分です。意識的に力を

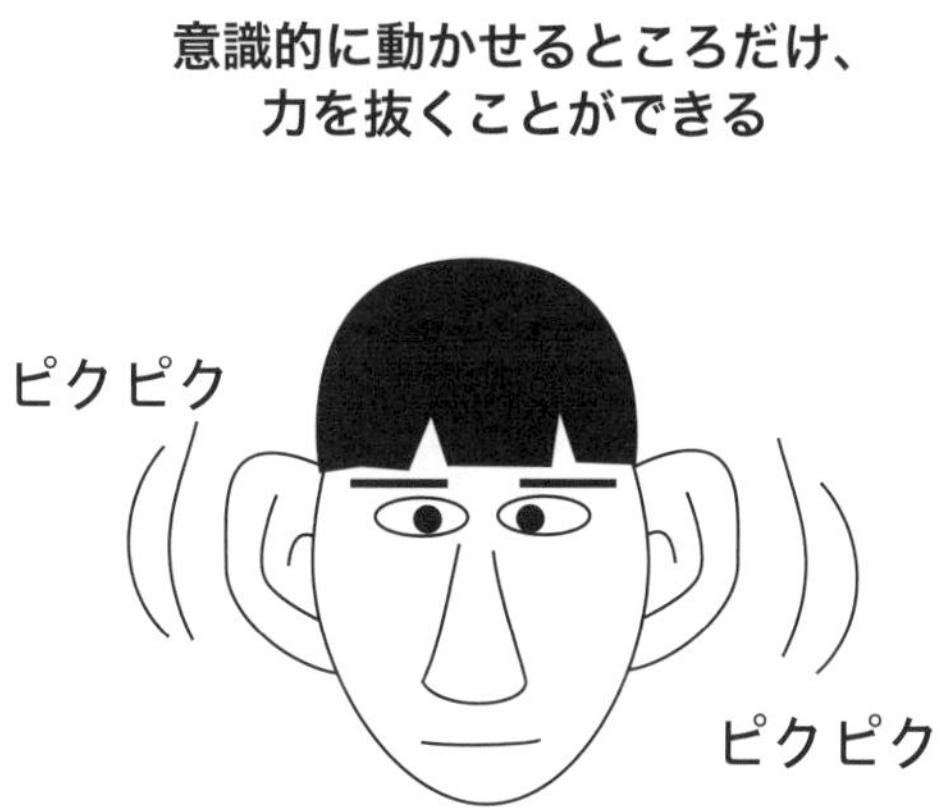
意識的に動かせるところだけ、
力を抜くことができる
ピクピク
ピクピク

入れていれば、その緊張を意識的に取り除くことはできるはずです。

しかし、無意識にしている緊張というのは自覚がない緊張ですから、その緊張を取り除くのは難しい。つまり、意識的に動かしたり力を入れることができる部分だけしか、意識的に力を抜くことができないのです。

人間は活動している以上、身体の力を全部抜くということはありませんし、必要な緊張があるからこそ活動ができるのです。そういう意味では、緊張というのは決して悪いものではないのですが、それらの緊張が日々無意識に積み重なっていくことに問題があるのです

眠るという行為は、1日の活動の中では一番身

全く疲れが取れない眠り方

体の力が抜けた状態であり、眠ることで身体の緊張を取り除き、1日の疲れを取るのです。

しかし現代人の多くは、眠る時ですら脱力ができていない人が多い。身体というのは、緊張状態が長く続くとその状態が慢性化してしまい、残留緊張といって緊張した状態が続いてしまいます。

もし眠る時にもこれらの残留緊張が強く残っていると、一晩眠っても身体がリラックスするどころか、疲れが全然取れないなんてことも起こるのです。

力の使い方を学ぶためには、こういった身体を意識的に動かしたり緊張させたりすることができるようにならなくてはなりません。たとえ力が抜けている部位だとしても、その部位を意識的に動かしたり緊張させたりできない場合は、良い脱力とはいいません。

緊張と脱力は、「意識的な緊張・脱力」と「無意識的な緊張・脱力」のように分類できます。「意識的な緊張・脱力」は自分でコントロールができるが、「無意識的な緊張・脱力」は自分ではコントロールができません。

だから、「力を入れる（意識的）」と「力が入る（無意識的）」では意味が違うし、「力を抜く（意識的）」と「力が抜ける（無意識的）」も意味が違うのです。

脱力がうまく身につけられない人は、そもそも「意識的な脱力」と「無意識的な脱力」の区別がついていない人が多いといえます。


武道では、「膝を抜く」という動きがあります。膝を抜く時に「膝カックン」のように急激に力を抜くと身体全体が落下するので、それも脱力と言えば脱力です。

しかし、身体の落下を止めるには、瞬間的にかなりの緊張が必要になります。そうすると、「膝カックン」のような脱力は、結果的に膝を抜いた直後に最初よりも大きな緊張を呼んでしまうわけです。

体重計の上に乗った状態をイメージしてみてください。自分の体重が60キロを指しているならば、「膝カックン」して身体を落下させた瞬間、体重計の目盛りは瞬間的に軽くなります。しかしその直後、落下した身体を支えるために体重計の針は60キロよりも上を指してしまいます。

もし身体をちゃんとコントロールして脱力できている場合は、膝を抜いて身体を下げた時も、止まった時も体重計の針は動きません。

この二つの違いを考えてみましょう。「膝カックン」の動きの中では「意識↓無意識↓意識」となっており、コントロールできている時の動きは「意識↓意識↓意識」となっています。

このように、瞬間的でも身体のコントロールが利かなくなる脱力は、自分で身体を動かしているようでも、実際には「無意識的な脱力」に分類されます。

身体を静止している時でも、同じようなことが言えます。

立った状態で脱力していくと、重心が下がり安定します。この状態自体は悪くないように感じますが、この状態が無意識的脱力になっていると、いざ動き出そうとすると初動に大きな力が必要になるのです。

しかし、じっとしていても意識的に身体を脱力させていれば、いざ動き出す時もスムーズに動き出すことができます。

脱力したほうが良いといっても、無意識状態まで力を抜いた場合は、今度はすぐには動けなくなってしまうのです。武道ではそういう状態を「居着いている」といいます。

そういう意味では、脱力には「動ける脱力（意識的脱力）」と「動けない脱力（無意識的脱力）」があるということも、知っておいたほうが良いでしょう。

0じゃない0

蛍光灯は「点けっぱなし」と「こまめに消す」のとどっちが節電になるか、という話題を聞いたことはありますか？

諸々の条件によっても変わりますが、ざっくり言えば、「点けっぱなし」よりはなるべく消すほうが節電なのは間違いないでしょう。

ただし、消灯から点灯のスイッチを入れた場合の消費電力は通常より高いので、短時間で点けたり消したりを繰り返すのはかえって電気の無駄遣いです。また、蛍光灯は点けたり消したりを繰り返すたびに寿命が短くなるということもあります。

これらの蛍光灯の特徴は、人間の身体においても同じことが言えます。長時間身体を動かさないのであれば電気を消しても構わないし、そのほうが力の無駄遣いは少なくなります。

しかし電気を消すというのは、先ほどの「無意識的な脱力」の状態ですから、この状態から身体を動かすというのは、蛍光灯と同様に非常に大きな力（消費電力）が必要になってしまいます。

人間というのは「動物」、つまり「動く物」であり、基本的に常に動き続けているのです。だから、身体を省エネで使うためには、あまりスイッチを頻繁に切らないほうが良いのです。

とはいえ、必要ないのにスイッチを入れっぱなしでは、やはり無駄です。そこで、動いていない時はスイッチを切っているようで、ほんのわずかだけ電気が流れている状態を作る必要があります。家電製品でいえば、待機電力のようなものです。

スイッチを入れっぱなしでは電力を多く使用します。しかし、スイッチを切っても待機電力だけ残しておけば、非常に少ない電気でスタンバイしているので、スイッチを入れた時にわずかな電力で作動できるのです。

例えば、信号待ちをしている時、目の前の信号が青になった瞬間に周辺にいる誰よりも先に歩き出すというゲームをしてみます。

その際に、出るぞ、出るぞと前のめりになって身体に力が入りすぎていると、逆に最初の一歩を踏み出す時に一瞬力を抜かないと動けず、遅れが生じます。

では、なるべく脱力して待っていたらどうかと言えば、力を抜きすぎると身体が無意識の脱力状態になってしまいます。物理の法則により、止まっている物体は止まり続けようとするので、いざ動き出す時に大きな力が必要になり、やはり遅れが生じるのです。

そうならないためには、意識的に脱力をしながらも、すぐに動ける程度の力（待機電力）を残しておくのがポイントです。この状態ならば、信号が青になった時に必要な力が素早く出て、スムーズに歩き出すことができます。

この待機電力は、なるべく必要最小限の力にすることです。力の幅が0～10であるとしたならば、10が最大緊張、0が最大脱力となります。脱力というのは、0を目指す作業です。

緊張が強すぎると…

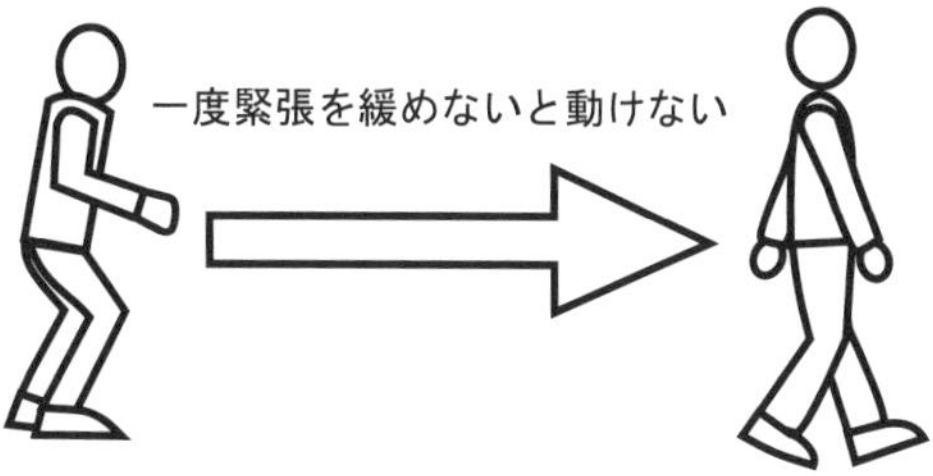
一度緊張を緩めないと動けない

力を抜きすぎていると…

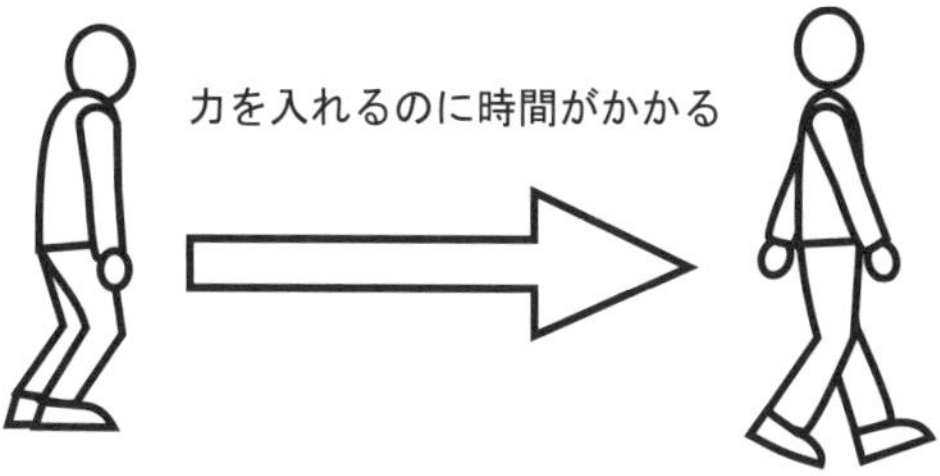
力を入れるのに時間がかかる

適度に力を抜いていると…

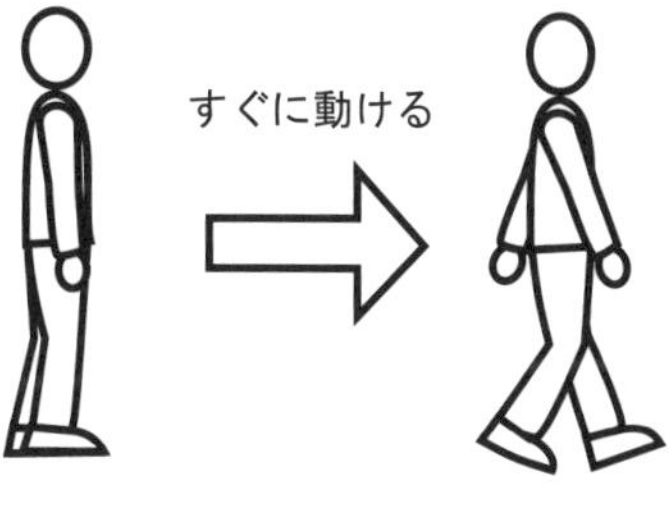
すぐに動ける

限りなく0に近いが、0ではない脱力とは

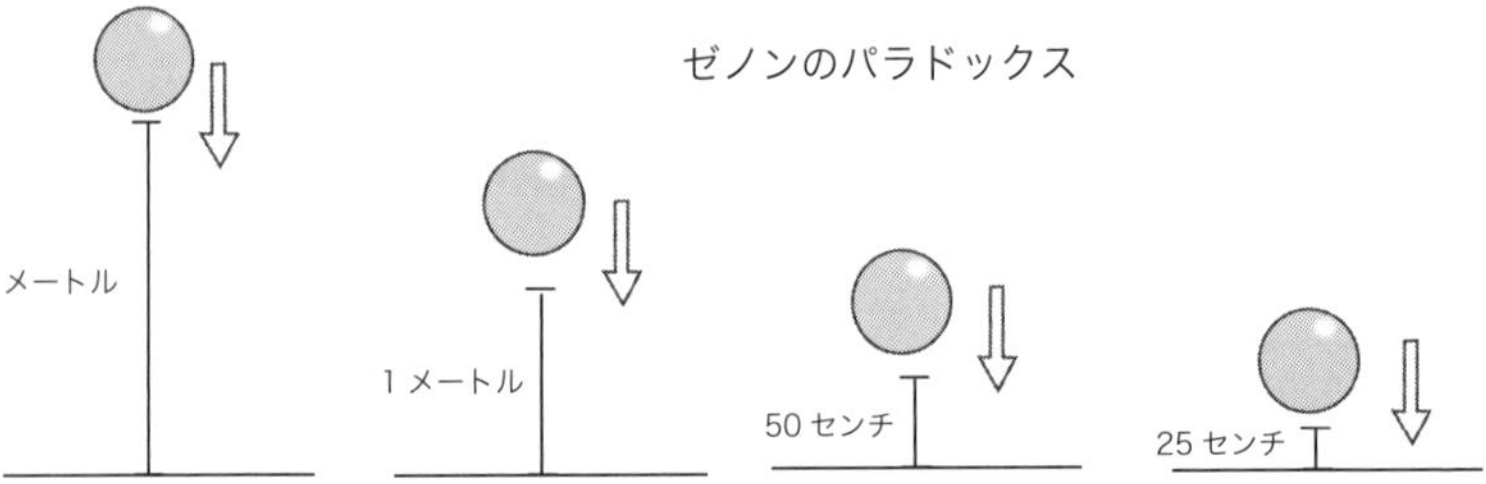

2メートルの高さからまず半分落下して1メートル、そこからさらに半分落下して50センチ、さらに半分の25センチ…と、どんどん進んでいっても永遠に0（地面）にはたどり着かない。

ただし、力を10、9、8…と抜いていって、0になってしまっては無意識の脱力になってしまい、力のコントロールを失ってしまいます。だから、どんなに力を抜いても0にはならないようにしなくてはいけません。

では3、2、1と力が抜けたら終わりかと言えば、そこまで力が抜けたら今度は、0・9、0・8、0・7…というように力を抜いていくのです。当然、0・1で終わるのではなく、さらに0・09、0・08、0・07…とさらに力を抜いていきます。

脱力というのは、限りなく0に近いけど、0ではない状態を目指し続けることです。無意識に限りなく近いけど、無意識にならない

脱力を作っていきます。この脱力の目盛りがどんどん細かくなるというのは、それだけ身体のスイッチが増えたということになります。

ある二人の身体のスイッチの数を比較した時、数十個程度の差だったら動きに違いはほとんどありませんが、スイッチの数が何百と差が出ると、動きの質が全く変わります。ここまでくると、特別な動きが違うというより、何気ない立ち姿や立ち居振る舞い自体が何だかわからないけど凄いというふうになります。

実際、世の中の一流と言われる人たちの立ち居振る舞いは、それだけで他の人とは何か違う、と感じることはありませんか。「意識的な脱力」を追求していくと、動いている姿ばかりではなく、動いていない姿にもレベルの本質が現れてきます。

仏教の世界では、「無」と「空」という言葉があります。「無」というのは0の状態であり、何もない状態です。

「空」というのは、言葉通りでいえば「空っぽ」。これもまた何もない状態といえそうですが、空っぽという言葉が存在するためには器が必要。器があるからこそ、中身が空っぽである「空」になります。

そんなふうに考えると、身体という器を持ち続けながら、限りなく空っぽの状態を目指すのが「空」であり、「無」というのはその器さえない状態なのかもしれません。限りなく0に近いけど0じゃない状態、それが「空」。

脱力では、0を目指しながらも0にはならない感覚が大事、ということは知っておいてください。力を抜きすぎてしまって0になったら、それはもう無力なのですから。

余白を活かす

ただ立っているだけでも脱力のレベルがあるということが理解できると、身体というのは、動いていない部分にもとても重要な要素が隠れていることに気づきます。

身体を動かしていない部分というのは、余白のようなもの。余白は空間を構成する上で余った部分、つまりおまけのようなイメージがあると思います。しかし、余白はとても大事です。


例えば、書道の作品を見た時に多くの人は、筆で書かれた文字に意識を向けることはあっても、筆で書かれていない半紙の余白の部分には意識を向けません。でも、もしその文字の部分だけを切り取った場合、それは先ほどと同じ作品になるでしょうか。いや、なりません。

筆によって書かれていない余白の部分があってこそ、作品として成立するのです。そう考えるのならば、書道の作品というのは、文字だけでなく余白を含めて一つの作品となるわけです。もっと極端な言い方をすれば、余白の部分こそが作品とも言えるかもしれません。

だから、書道が上手な人ほど、「文字を書く」という部分だけではなく、それ以外の余

これらは同じ作品といえるか

白の部分への意識も強く持っていると思います。

歌を歌う場合においても同じです。声を出して歌っている時だけが歌なのかといえば、歌を歌っていない時、前奏や間奏などの部分もまた歌の一部なんです。だから、歌が上手な人ほど、声を出していない時でも、ある意味歌っているのです。

それは普段の会話においても同じことが言えます。会話が上手な人というのは、話すことよりも聞くことが上手と言われます。声を出さずに黙っていること自体が会話の技術になっており、カウンセリングなどでは傾聴といいます。これは簡単に言えば、人の話を聴くということです。

それくらいなら誰でもできそうと思われるかもしれませんが、そう思ってしまう人は、おそらく黙って聴くということを何もしないで聴いていればいいと考えてしまいます。そういう人が傾聴している時は、単に無意識にボーッとしているだけです。

しかし傾聴のプロは、黙って聞くということを意識的に行っているのです。一見するとこの両者は同じに見えますが、実は全く質の違うものになっています。

余白の部分というのは見た目では差がないので、客観的な判断、評価をすることがとても難しい。だからこそ、余白の部分をしっかりと使いこなしている人は、他の人と質のレベルが違ってくるのです。世の中の一流といわれる人とそうじゃない人との差は、この余白の部分に隠されているといっても過言ではないかもしれません。

整体や指圧などの施術における技術においても、名人といわれる人の手元の動きではなく、それ以外の動いていない身体の部分にどのような意識が使われているか観察することで、本質をつかめるようになります。

手の上げ下ろしを学ぶ時に、多くの人は手の上げ下ろしだけを見て真似しようとします。

カニッツァの三角形

周りの図形によって、余白にないはずの三角形が見える。

もちろんそれも大事です。しかし、身体のどこかを動かすということは、逆の意味で考えれば、それ以外のところは動かさないということです。

こういった余白の部分に気がつかない人は、自分で手の上げ下ろしをしている時でも、手以外の顔や腰、足などが無意識に動いていることに気づきません。

何らかの動きを学ぶ際に本当に重要な部分は、身体をどう動かしているかではなく、身体のどこを動かしていないかという余白の部分なのです。

人間は、脳の能力を3～5%しか使えていないと言われています。だから、使える脳の部分を増やせば、超人的な能力が出せるようになるという考え方があります。

でも、実は脳の多くが使われていないというのは間違いで、実は人間の脳の大部分は使われているのではないでしょうか。活動している3％に対して残りの97％は何もしていないのではなく、そこの領域は余白として活動しているとも考えられます。そしてこの余白は、たくさんあるほどに脳の活動に余裕が生まれるのです。

例えば、パソコンの100Gのハードディスクに1Gのソフトウェアが入っているのと、2Gのハードディスクに1Gのソフトウェアが入っているのでしたら、どちらのほうが動作が速いでしょうか？

当然、ハードディスクの容量に余裕があるほうが、動作はスムーズです。脳の仕組みもこれに近いと思います。だから、脳の力を高めるというのは脳をたくさん使うことではなく、限りなく脳の余白を増やすことだと思います。

スポーツなどでゾーンといわれるような状態も、脳の余白を限界まで増やすことで、結果的に働いている脳の部分のパフォーマンスを最高にしていくのではないでしょうか。

余白があると、自由に動ける

最近の脳科学では、デフォルトモードネットワークというものが注目されています。これは、脳が休んでいる時に活動しているものとされています。この活動こそがまさに余白の部分であり、この余白が脳の活動を高めているのです。

余白を最大限に活用するためには、余白そのものをコントロールすることが必要です。脱力のスイッチの話でも触れたように、余白を無意識下に置くのではなく、意識下のもとで余白を作れるようにしなければなりません。

充分に余白をコントロールできている人にこそ、余白のみならず余裕が生まれるのです。

座りっぱなしは身体に悪い？

「座りっぱなしは身体に悪い」という話を聞きます。確かにエコノミークラス症候群は座りっぱなしによって起こりやすくなるので、長時間同じ姿勢でじっとしているよりも、定期的に身体を動かしたほうが身体には良いでしょう。

しかし、本当に座りっぱなしは身体に悪いのでしょうか。日本人は座っていることが多い国民です。座りっぱなしが健康を害するというのであれば、そんな日本が世界の中でも長寿であるというのは矛盾していませんか。

座りっぱなしに限らず、ずっと同じ姿勢のまま動かないよりも、こまめに身体を動かしたほうが良いのは間違いないと思います。しかし、ただ「座りっぱなし＝身体に悪い」という短絡的な答えにはならないと思います。

お坊さんや茶道家、他にも日本の伝統芸能や古くからの職人さんたちの仕事は、座りっぱなしが多いです。それが身体に悪かったかと言えば、そんなことはありません。何しろ、長生きする職業の代表がお坊さんなのです。座りっぱなしが身体に悪いというなら、お坊さんは全員短命になってしまいます。

お坊さんが1時間座禅するのと、一般の人が1時間座禅するのは同じでしょうか。当然違うんです。ここに動かないことのヒントがあります。

ここまで何度も言ってきた意識的な緊張・脱力と無意識的な緊張・脱力は、見た目は変わりません。しかし、身体の使い方には当然差があるので、長時間同じ姿勢を保とうとするほどに差が大きく現れます。

結論から言えば、無意識的な緊張・脱力の状態で長時間同じ姿勢でいると身体が疲労します。しかし、意識的な緊張・脱力の状態で長時間同じ姿勢を保った場合は、身体は逆に緩むのです。

同じ時間、座りっぱなしでいても、身体の使い方が変われば、身体への負担や反応も全くといっていいほど違ってくるのです。

お坊さんが行う座禅は、1時間座ればリラックス状態になって身体が緩みます。ところが、一般の人が1時間座った場合は身体が凝り固まり、終わる頃には身体がバキバキになっています。

座りっぱなしが身体に悪いのではなく、上手に座れないことが問題なのです。

その点から考えれば、むしろ日本人はもともとは座るのが上手な国民です。その日本人も生活様式の変化から、段々座るのが下手になっています。だからこそ、座りっぱなしは身体に悪いということが注目されているのだと思います。

しかし、身体の使い方さえしっかりしていれば、長時間の座りっぱなしは身体に悪いどころか、身体に良いともいえるのです。脱力をちゃんと学んだ身体は、動いていない時にもしっかりと身体全体に意識的緊張・脱力の状態を保つことができます。

身体の緊張や脱力がちゃんと意識的にコントロールできているならば、座っているだけで肩が凝るなんてことは起こるはずがありません。

座りっぱなしは身体に悪い？

スタンディングデスク、スタンディングミーティング…、そのうちスタンディングカーなんてできるかも。

欧米の人たちは座ってじっとしていることが得意ではないから、スタンディングデスクやスタンディングミーティングなどが生まれたと言ってもいいでしょう。また、じっとしたままリラックスすることを学ぶために、瞑想がもてはやされるのかもしれません。

座禅や瞑想では精神的な効用ばかりに目を向けがちですが、むしろ身体の使い方を学ぶためのトレーニングと言ってもいいかもしれません。

最初は10分じっとしているのも辛いでしょう。それが10分、20分、1時間と長い時間じっとしていても身体が楽になっていく。それは単に力を抜けば良いのではなく、意識を向けながら力が抜けるようにしなければならないのです。

座禅や瞑想もリラックスだけが目的だったら、寝ちゃってもいいんじゃないかと思いそうですが、ここまで読んだ人にはその違いはわかると思います。

座禅や瞑想は意識的な脱力であり、睡眠は無意識的な脱力なのです。座禅や瞑想をしていてもすぐに眠ってしまうのは、脱力が意識的な状態から無意識的な状態にシフトチェンジしてしまうからです。

私は、逆にそれを利用して、毎日就寝前に正座瞑想をします。時間は決めていませんが30分くらいです。

まずは意識的な脱力で身体全体をリラックスさせていき、そのまま意識も緩めていき、無意識的な脱力に自然に移行していく。そうすると、段々ウトウトとして頭がこっくりとなります。そうしたら、そのまますぐにベッドに入ります。睡眠圧が高まっているので、すぐに眠りにつくことができます。

正座瞑想

じっと動かないほどに緩む身体を
目指そう。

時々、無意識的な脱力になかなか移行できずに、意識がハッキリして目覚めていくなんてこともあります。しかし、そういう時でも身体自体はリラックスして気持ちが良いので、眠くなるまで気長に続けます。座りっぱなしが身体に悪いのではなく、座りっぱなしができる身体を作っていくことが大事です。

第5章

見えない身体《karada》

丹田の使い方

武道の世界では、昔から「丹田《たんでん》」という言葉が使われています。最近はスポーツや健康法の分野でも丹田を使った呼吸法などが紹介されているので、聞いたことがある人は多いと思います。

一般的に、丹田の場所は、へその下5センチくらいの身体の少し奥にあると言われていますが、しかし、「丹田」という臓器や骨、筋肉が実際に存在しているわけではありません。

カタチとしてないものを説明するのは非常に難しく、これは東洋医学の経絡やツボも同じです。身体にあるツボをいくら「ココだ！」と指し示しても、そこに誰もが客観的に確認できる「何か」があるわけではありません。

丹田も同様で、いくら丹田があると言ったところで、その丹田を目の前に出して見せることはできません。だから、丹田を使いこなすというのは、まるで雲をつかむようなもの。

でも、そんなわかりづらい丹田を使いこなすための、画期的な方法があるんです。

それは「丹田をドローンに置き換える」です。

「何それ？」と思った方も多いとは思いますが、つかみづらい丹田の感覚がこれだけでとてもわかりやすくなるのです。

丹田の位置

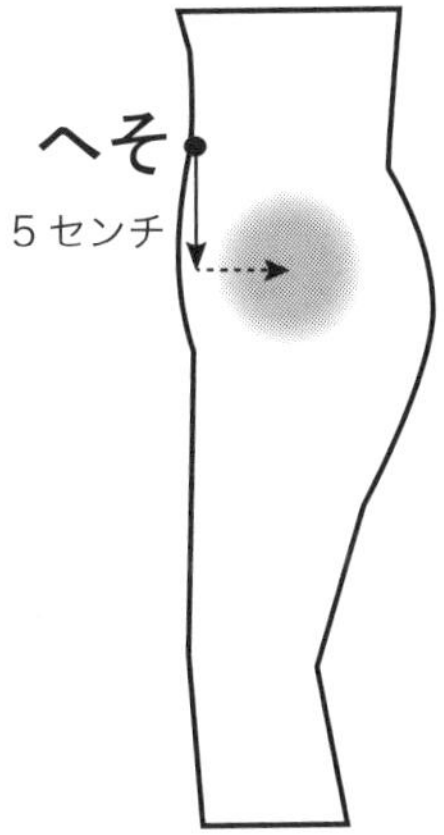

ドローン丹田について説明する前に、まずは重心について説明します。

どんな物体にも重心が存在します。「重心」を辞典で調べると、「有限の大きさを持つ物体の各部に働く力を合成して一つの力におきかえた時、その力が集まって作用する点」(『明鏡国語辞典』)と説明されていますが、何だ

ボールペンの重心

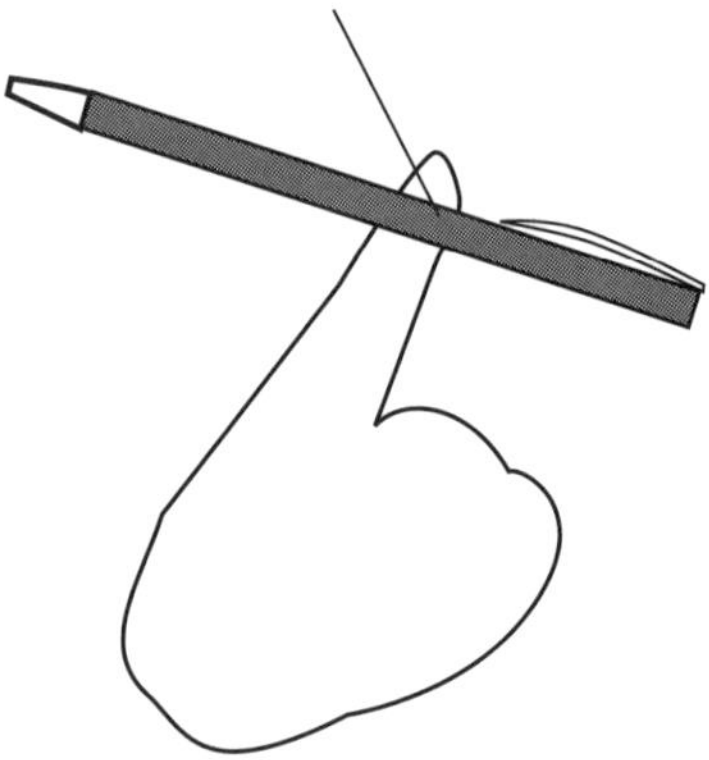

かよくわからないですよね。

簡単に言えば、バランスが取れる物体の中心です。ボールペンなどを指で支えた時にバランスが取れる一点と言うとわかりやすいと思います。

人間の身体の場合、腕や頭、脚などパーツごとに見れば、それぞれに重心があります。そして、身体全体で見た場合の重心は、骨盤内にあり、仙骨のやや前方となります。その部位は、丹田の位置とほぼ重なります。

まずは、「重心＝ドローン丹田」というふうに捉えてもらって結構です。

身体のバランスが取れる一点は丹田ということを別の見方をしたら、丹田が身体のバランスを取っているとも言えます。

先に、腕でバランスを取るという話に触れましたが、腕のバランスだと揺れ幅が大きくなります。しかし、ドローン丹田は空中で静止しているので、揺れ幅はせいぜい数センチ程度と考えられます。そのため、ドローン丹田でバランスを取れると、さらに姿勢は安定するのです。

ドローン丹田は身体の中で自由に動く

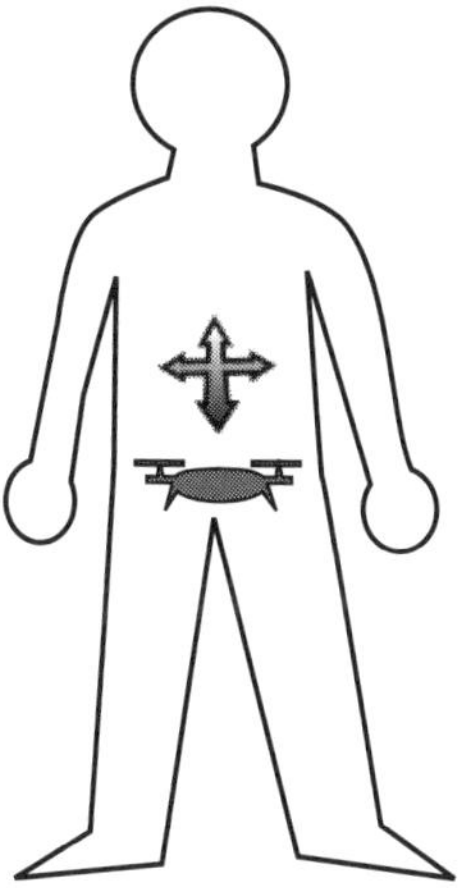

ドローン丹田で立つ感覚というのは、「浮遊感」です。身体は足で支えているのではなくドローン丹田によって浮いているので、足は感覚としてはぶら下がっているのです。

それは「座骨で立つ」感覚にも近いのですが、その感覚をさらに深めたものが「ドローン丹田で立つ」と言っていいでしょう。

まずはその場で、ドローン丹田を意識しながら、しゃがんだり立ったりしてみましょう。

通常のスクワットだと、両足を曲げてしゃ

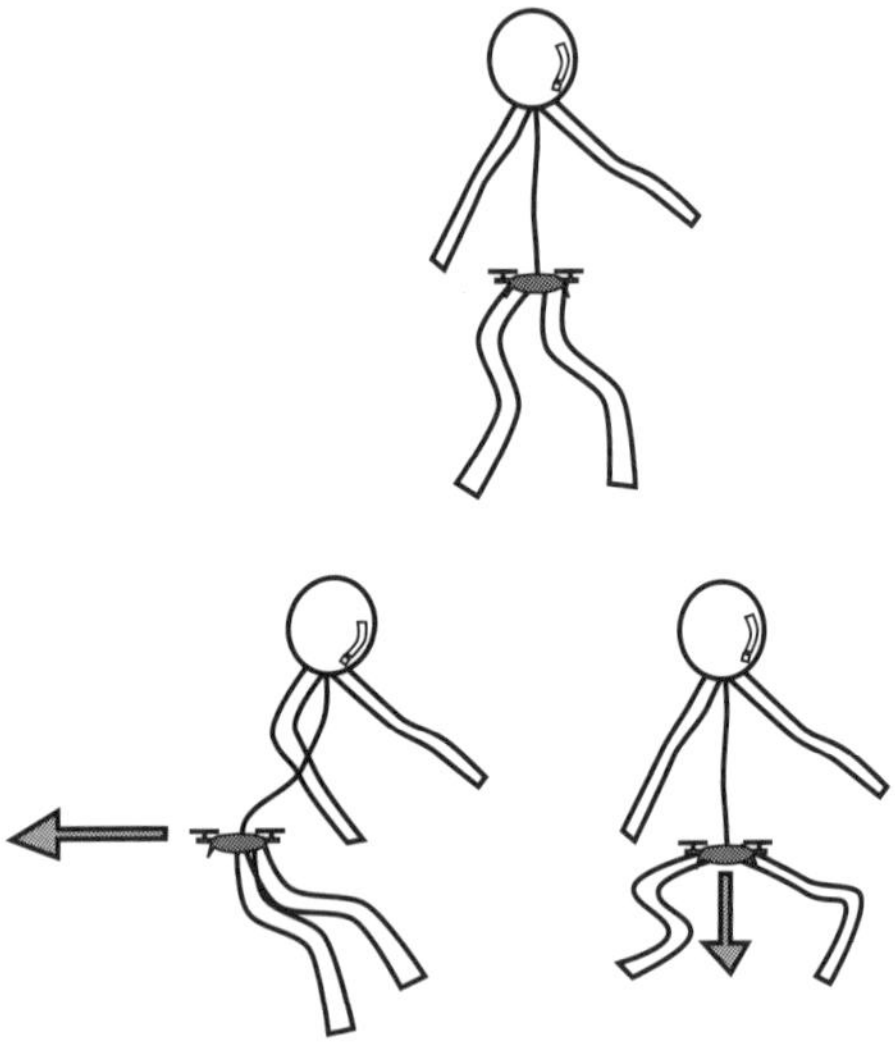

ドローン丹田の動きによって、それ以外の身体は自然に力が伝わって動く。

がんでいるという感覚になります。しかしこの場合は、両足はひものようにぶら下がったまま、ドローン丹田だけが着陸、離陸をするように上下に動くだけです。

イメージとしては、両足の間に椅子があって、それにゆっくりまたがるように座るという感じです。足で支えているのではなく、あくまでもドローン丹田の離着陸という感覚が出てくると、身体の上下運動が軽く感じられると思います。

今度は、片足で立ってみてください。

この時も足で身体を支えているという感覚ではなく、ドローン丹田で浮遊感を持ったまま身体のバランスを取れると、非常に安定して立つことができます。

両足で立っても、左右どちらかの足で立っても、身体のバランスを取っているのは全部ドローン丹田です。だから、どんな姿勢においても姿勢の安定度は変わりません。

ドローン丹田で身体のバランスが取れたら、片足のままスクワットをしてみましょう。片足でバランスを取りながらやろうとすると非常に難しいですが、ドローン丹田でバランスが取れるようになると、ほとんど力感なくできるようになります。

応用としては、バランスボードにも挑戦してみましょう。バランスボードに乗りながら、両足ではなくドローン丹田でバランスを取ります。

足でバランスを取ろうとするとすぐに転んでしまいますが、ドローン丹田で浮遊感を持ったままバランスを取り続ければ、決して足を踏ん張る必要はありません。あくまでもバランスの補助という感覚です。

これも慣れてくれば、バランスボードの上でスクワットも可能です。

丹田と重心移動

ドローン丹田で立つことができたら、今度は移動です。

物体の運動は、物理の法則に従って行われます。例えばボールを投げた時に、ボールは綺麗な弧の軌跡を描いて飛んでいきます。これは重心がスムーズに移動しているからです。もしボールがジグザクに飛んでいったら、物理の法則から外れてしまいます。

今度は、金づちを投げてみましょう。金づちがクルクルと回転しながら飛んでいくと不規則に動いているように見えますが、重心移動を見ると綺麗な放物線を描きます。

水の入ったゴム風船を投げた場合は、風船の中で水が動くと重心の位置がずれるので、安定して飛んでいきません。

つまり、重心が安定していないと、動作が不安定になるわけです。

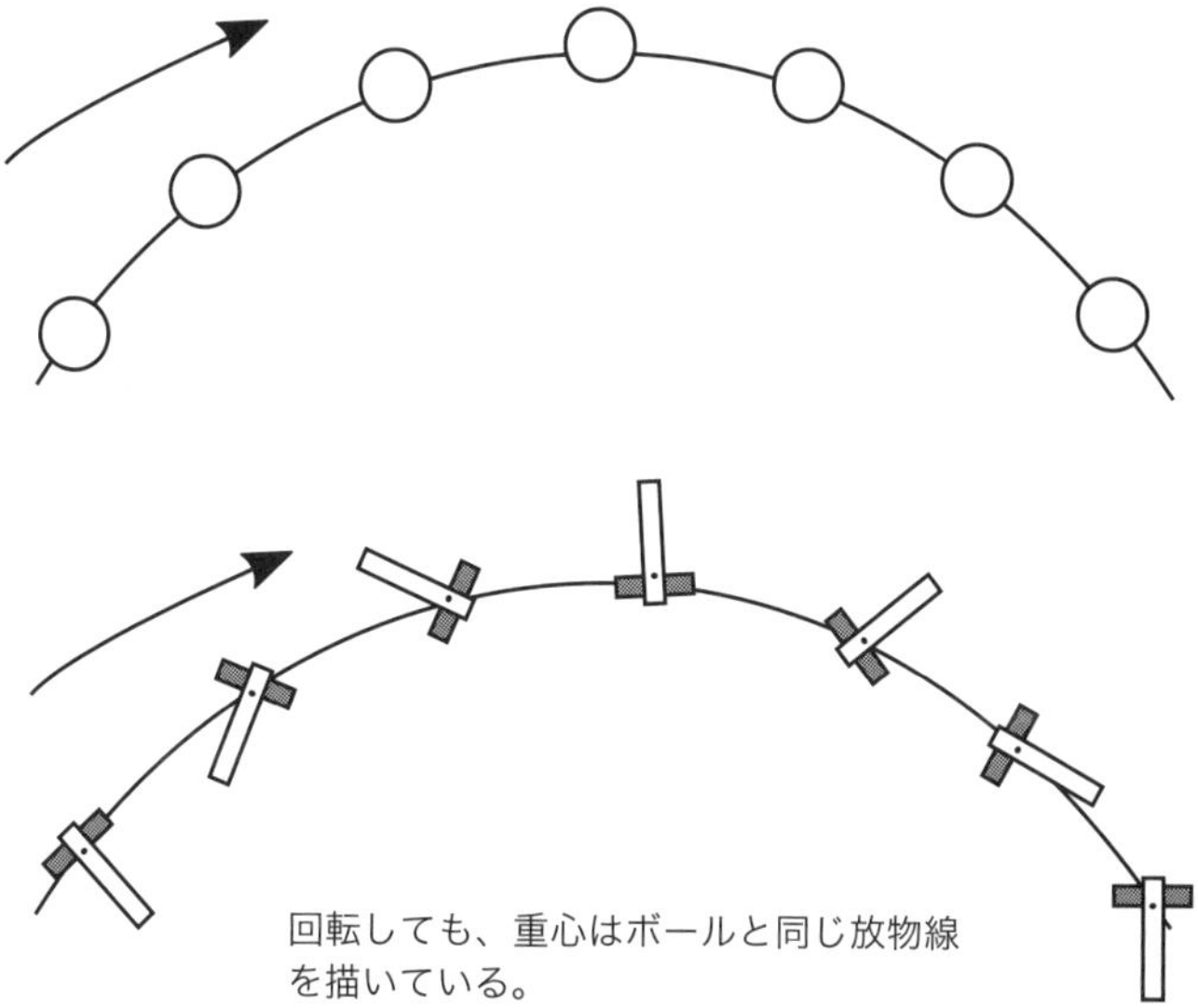

回転しても、重心はボールと同じ放物線を描いている。

それは、人間の動作においても同じです。この重心がボールや金づちのようにカタチが変わらないものであれば問題ありません。しかし、人間はどちらかというと水風船のほうに近いので、重心は姿勢の変化でズレるのです。

例えば、両手を上げると、重心の位置が少し上に上がります。日常の動作においてはさほど気にしなくても良いズレですが、身体をより効率的に使おうとするならば、このわずかな重心のズレもしっかりと制御する必要があります。

階段の上り下りでも、ドローン丹田の軌跡がまっすぐになるように歩く。

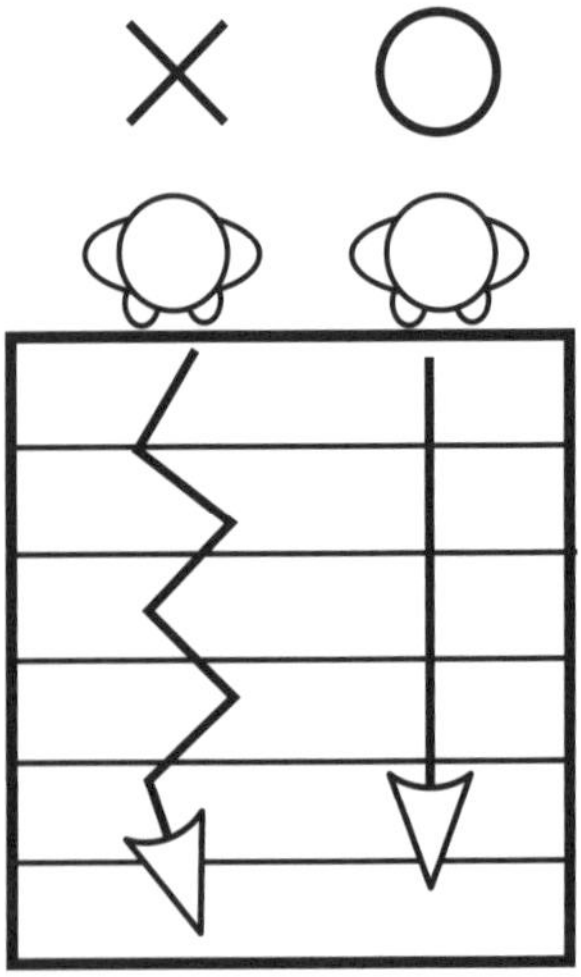

上から見た時に、ドローン丹田の軌跡がまっすぐになるように歩く。

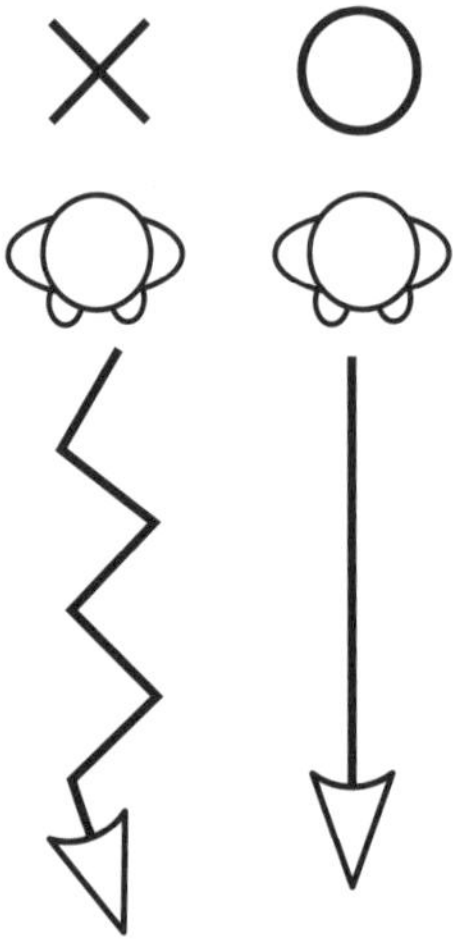

そこでドローン丹田です。身体の重心移動というのはドローン丹田による移動とイメージして、動きの中での重心のズレをドローン丹田によって補正していきます。

　ドローン丹田の移動した軌跡がスムーズな線を描ければ、うまく重心移動ができたと言えます。

　ドローン丹田で歩いてみましょう。まっすぐ歩いている時には、ドローン丹田もまっすぐ進むように意識します。左右の足で移動しようとすると重心の移動が安定せず、この時のドローン丹田の軌跡を線でなぞるとジグザグ

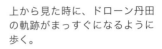

になってしまいます。

常に進行方向に向かってドローン丹田が直線で移動するようにすれば、身体の動きは安定します。

階段の上り下りでも同じです。上りも下りもドローン丹田がまっすぐ移動するようにすると、階段の上り下りが楽になります。

サッカーなどのスポーツで走る時にも、左右の足に交互に体重を移すような移動をしていると、非常に大きな動きのロスが生まれます。どんな方向に走る時も、左右に方向転換する時も、ドローン丹田を最短距離で移動させて、足はそれについていくように動くだけです。

慣れてくると、走りながら足でブレーキをかけたり、地面を蹴って方向転換するという感覚はなくなります。ボールを蹴る瞬間もドローン丹田が身体のバランスを取っているので、軸足という感覚もあまりありません。

相手の動きを見る時にも、ドローン丹田は役立ちます。

目の前の人の動きについていこうとする時に、相手のどこを見ますか？　大抵の人は動きのあるところに目がいってしまいます。例えばバスケだったら手を見てしまうし、サッカーだったら足を見てしまうでしょう。

しかし、相手の手足を見ながら相手の動きについていくのは大変です。

そこで、相手の手足などの末端ではなく、相手のドローン丹田を見るのです。どんなに手足がいろいろな方向に動いていようが、最終的にドローン丹田が動いた方向にしか身体は移動できません。

だから、バスケやサッカーで相手の動きをマークするような時は、相手のドローン丹田の動きを観察して、その動きに反応してついていくのです。そうすることで、手足の動きのフェイントに惑わされることなく、相手の動きに素早く対応できるようになります。

ここまで読んできて、丹田と重心が同じなんだったら、そもそも丹田なんて言葉は使わずに、全て重心という言葉を使って説明すれば良いのではと思った人もいるでしょう。

しかし正確に言うと、丹田と重心は違うんです。重心というのはどんな物質にでも必ずあるもので、意図的に作ったりなくしたりするようなものではありません。また、物質が移動すれば、重心も勝手に移動します。

そういう意味では、重心は意図的に操作するようなものではなく、ただ存在しているだけです。

しかし、その重心をうまく使わないと動作がスムーズにはいきません。そこで丹田という概念が入ってくると、受動的だった重心に対して能動的な感覚が生まれます。さらにドローン丹田というイメージを持つことで、より動きのコントロール感覚が出てくるのです。

丹田が単純に何かの固まりだと、「動き」のイメージがしづらいです。しかし、ドローン丹田でしたら、物質としてのリアルさを持ちながらも、浮遊感を感じたまま360度どの方向にも自由に動けるイメージを持てます。

風船のイメージでは軽すぎるし、上昇するイメージばかりになってしまいます。飛行機やヘリコプターでは、何となく進行方向が限定的になってしまいます。

ドローンは、現代だからこそできる丹田イメージの方法です。もっと未来に、球体でプロペラもなく自在に飛び回る飛行体ができたら、また新しい丹田イメージが生まれるかもしれません。

温故知新。古いものを取り入れつつ、新しい感覚にもアップデートする必要があります。

「丹田2・0」の世界へようこそ。

丹田からの連動

身体の連動について考えてみましょう。

電車をイメージしてみてください。車両が何両もつながっている場合、先頭車両が動き出すことで残りの車両が連動して動き出します。

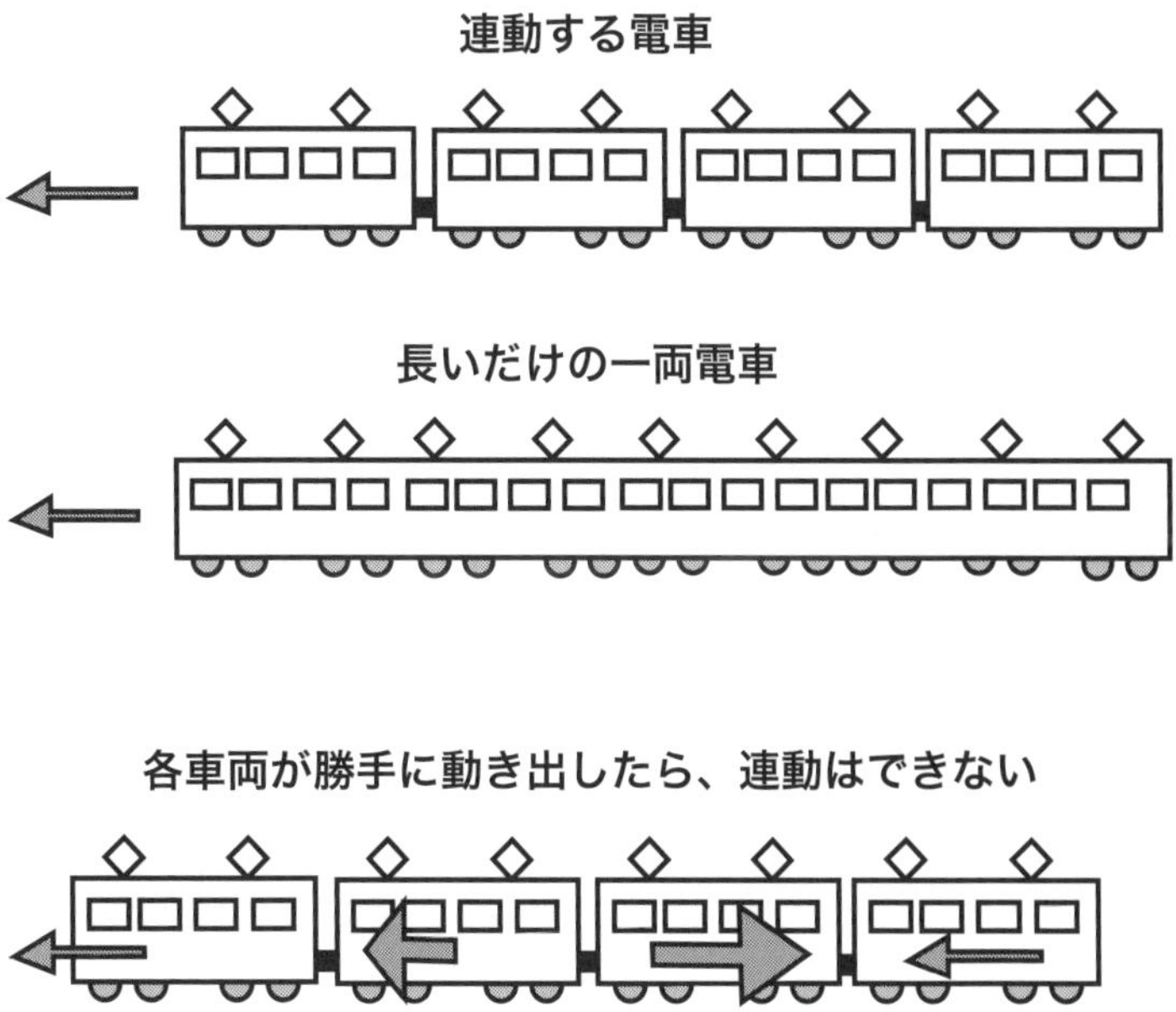
連動する電車
長いだけの一両電車
各車両が勝手に動き出したら、連動はできない

この場合重要なのは、そもそも車両が複数あるということ。もし電車が長～い一両だけだとしたら、その電車は連動しているとは言えません。単に長い一つの物体が移動しているだけです。これは身体で言えば全体を固めた状態です。

電車がスムーズに連動するためには、動くべき車両は動き、動かない車両は休んでいなくてはなりません。先頭車両だけでなく、後続の車両も勝手に動き出したり止まったりしたらどうでしょう。もちろん連動は起きないし、下手すれば各々の車両が動きを邪魔し合って、右往左往してしまうでしょう。

身体の連動も同じで、車両のように身体を細分化して、動かす部分と動かさない部分をしっかりコントロールする必要があります。

では、身体の連動を起こすために、最初に動き出す電車の一両目はどこに作るのか？

そう、ドローン丹田です。身体の動きの起点を、ドローン丹田に全部任せてしまうのです。もちろん身体を動かすのは筋肉なので、実際にドローン丹田以外に全く力を入れないわけではありません。しかし、ドローン丹田を力の起点にして、身体を連動して使えるようになると、非常に動きが楽になるのです。

ドローン丹田が移動したい方向に動き出し、その動きに引っ張られるように上半身や手足が動きます。身体全体がいきなり動き出すというよりは、ドローン丹田が動き出して少し遅れて身体を引っ張り出すような感覚です。

動く時はつい足を先に動き出したくなりますが、あくまでもドローン丹田が足を連れていくので、足はぶら下がったままドローン丹田に引きずられていくような感覚です。

例えば、野球のボールを投げるような動きであれば、丹田が前方にスライドしていく力が胴体や腕に伝わり、最後に手先まで連動してボールを投げます。

サッカーのようにボールを蹴る場合も、同様に丹田が前方に動き出した力を、太ももから脛を通って足先まで連動してボールを蹴ります。ムチのような動きをイメージしていただければ良いと思います。

間違った連動としては、起点に力を入れた後、順番に身体各部に力を入れて連動を起こそうとしてしまう方法です。起点となる丹田以外の部分に力が入ってしまうと連動とは言えず、エネルギー効率も悪いのです。そのような状態でも、見た目だけだと連動しているようにごまかすこともできてしまうので、要注意となります。

身体を連動させる場合、あくまでも動き出す起点と力は一つだけです。それ以外の部分は、その力を伝えるために十分に力を抜いて、伝達器官に徹しなければならないのです。

「力を出す部分は、丹田じゃないといけないの？」と思っている人もいるかもしれませんが、実は丹田じゃなくてもＯＫです。身体の使い方さえ間違っていなければ、力を出す起点が丹田じゃなくても、身体の連動は起こせます。

では、なぜ丹田で連動させるのかと言うと、効率が良いからです。

手を連動させるために肩から、足を連動させるために腰から、というように力の起点をいちいち変えてしまうのは、連動が1回限りなら良いでしょう。しかし、連続した動きとなると難しいのです。

サンドバッグにパンチを打つような場合でも、1回だけ思い切り打つなら腰を落として下半身を固定して、腰から力を入れて連動させて打つことは可能です。でも、続けて打ったり、動きながら打つのは難しくなります。

スポーツではもちろん、どんな動きにも連続性が必要です。1回だけ動けば終わり、というものはほとんどなく、動き続けなければなりません。

そうなると、いちいち身体の違う部位を使い分けて連動するというのは、やや非効率です。その点、丹田からの連動では、ドローン丹田のイメージ通り、浮遊感を持たせながら方向も自由自在なので、身体を固めたりする心配がありません。

丹田を連動の起点にする理由のもう一つは、大きな力を出せるからです。連動のパワーの強さは、起点のパワーに比例します。その点で、丹田による重心移動のエネルギーは、身体の部分的な筋肉の力に比べても圧倒的にパワフルなんです。そういう意味でも、丹田を起点に身体をムチのように連動させる動きは効率が良いといえます。

手の動きだろうが足の動きだろうが、丹田を身体の全ての動きの起点にしてしまえば、どんな動きにも連続して対応できるし、パワーも強いということになります。

丹田で走る、丹田で投げる、丹田で打つ、丹田で蹴る、丹田で方向転換する、丹田でジャンプする。丹田と身体の連動を身につけるには時間はかかるかもしれません。しかし、身につけてしまえば、こんなに便利な感覚はありません。

ただひたすら鍛練、いや「丹練」あるのみです。

丹田と脱力

脱力については、ここまででもいろいろと説明してきました。最初は力を抜くなんて簡単だなんて思っていた人も、脱力って実は難しいかもと感じてきたかもしれません。

左腕に力が入っている人に「左腕の力を抜いて」と言えば力が抜けるかといえば、そうはならない。力を入れている自覚があれば良いのですが、自分で力を入れているつもりがなければその力を抜くことは難しいのは、今までに説明してきた通りです。

そんな状態だと、力を抜こうと努力すればするほど、逆に力が入ってしまうなんてことにもなります。


なぜ力を抜こうとすると力が入ってしまうのでしょうか。

例えば、頭の中で左手を上げることをイメージした場合、実際に左手を上げなくても、

想像するだけでも、筋肉は動く

筋電図をつけていれば左手を上げる筋肉が反応していることがわかります。

身体のどこでも、そこを意識するということは、わずかといえ筋肉を緊張させているのです。だから、左腕に力が入ってる人が、左腕の力を抜こうと努力すればするほど、左腕への意識が強くなるので、実は力が抜けるどころか緊張が強くなってくるのです。

意識をしたところが緊張するのだから、これを解消するための方法としては、反対の右腕の手のひらを見るだけでも、意識が右手のひらに集まった分、左腕の力が抜けやすくなります。さらに、右手のひらをグーパーと動かせば、さらに左腕の力は抜けます。

要は、特定部位の力を抜くためには、その部位以外のところを意識したり動かしたりすれば良いわけです。

ただし、身体のスイッチの数が少ない人は、どこかに力を入れるだけで、そこと関係ないいろいろな部分にまで力が入る人も多いのです。極端な話、左腕に力を入れると右腕も緊張してしまう人の場合は、右手のひらを見たり動かしたりしたところで、左右の腕の緊張がセットになってしまっているので力は抜けません。

今までも説明してきた通り、身体を上手に使うためには、その部位に意識的に力を入れたり動かしたりできる必要があります。ですから、丹田を使いこなすためには、丹田だけを意識的に緊張させたり脱力させたりできるようにしなくてはいけません。

丹田に力を入れる方法としては、最初はとにかく腹筋や腹圧を作りましょう。腹式呼吸などでお腹を膨らましたりへこましたりして、腹部の可動域を広げていきます。そして、お腹周りの筋肉、横隔膜、腹横筋、骨盤底筋等を使って、お腹の中に腹圧をかけたり緊張させたりします。

最初のうちは、力を入れるとお尻や腰、背中や肩、脚などにも力が入ってしまうと思います。しかし、何度も繰り返してピンポイントで緊張できるようになると、丹田のあたりに力を圧縮した固まりのような感覚が生まれてきます。

この感覚を言語化するのは難しいのですが、丹田に力を入れる感覚は身体の表面ではなく内部に感じる力です。そのため、身体の表面が緊張するという感覚はありません。

最初は、腰周り全体に力が入ってしまうと思います。しかし慣れてくると、丹田に力を入れると腹筋や腰、お尻の筋肉は逆にフワッと緩む感覚が出てきます。このぐらいの感覚が出てくると、丹田に力を入れると、緊張感というよりはリラックスした感覚に近くなります。

丹田を使うことと脱力することは、関係ないように思えますが、そうではありません。実は、丹田と脱力はセットのような存在です。

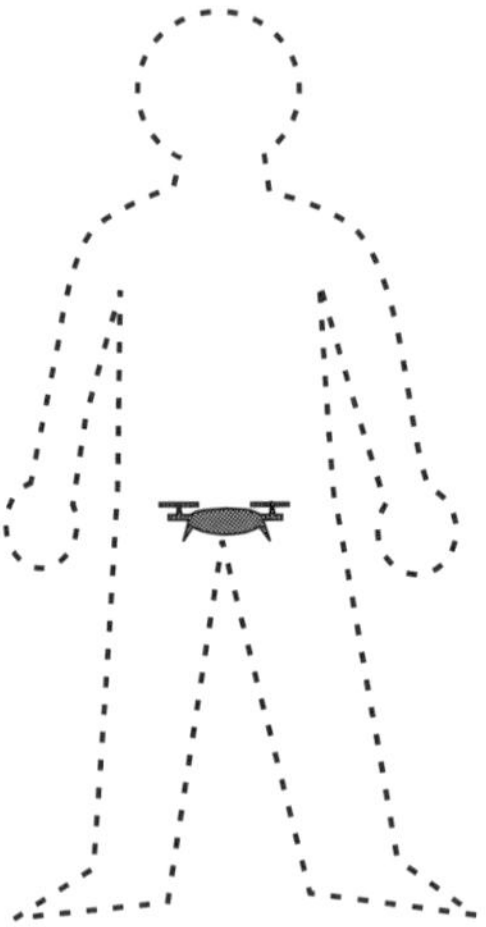

丹田に集中すると、身体中の緊張が消える。

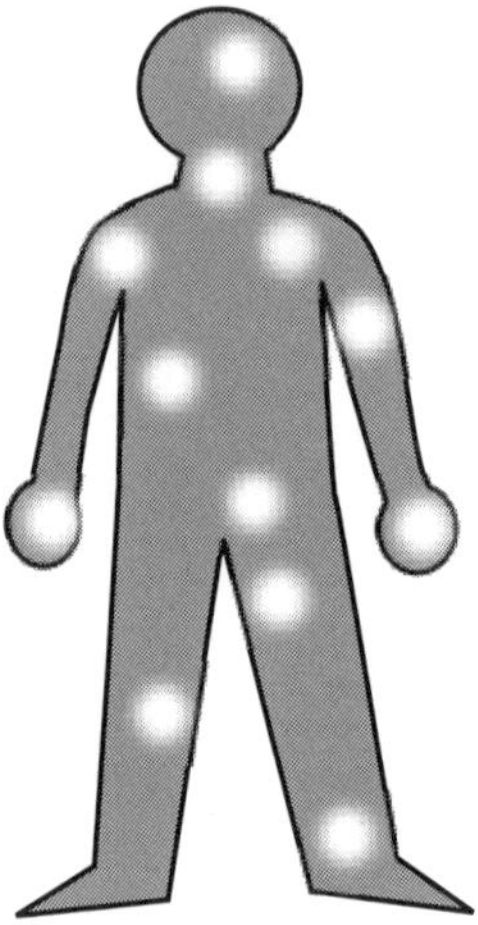

身体のあちこちに意識があると、緊張が拡散する。

丹田が強い人ほど、身体の力はよく抜けている。つまり、丹田のトレーニングは、脱力のトレーニングとも言えるのです。

「腹に力を入れろ」とか「腹から声を出せ」という言い方があります。この言葉の裏側には、「腹以外には力を入れるな」「腹以外の力を抜いて声を出せ」という意味が隠されているのです。

丹田を身につける上では、丹田への力の集中と同じくらいに、身体の脱力も身につけるようにしてください。

ぜひ「力強い丹田」&「ゆるゆるな身体」を目指しましょう。

腹と丹田

昔から日本は「腹文化」と言われ、腹を使った言葉も「腹をさぐる」「腹を割る」「腹黒い」など数多くあります。江戸時代には、按腹と言ってお腹への治療施術が盛んに行われました。切腹という昔の風習等も、まさに腹文化の最たるものと言えます。

日本文化の中に根付いていた「腹」とは、一体何なのでしょう？　「腹」を辞典で引くと、「胸から腰までの間の、前面の部分。胃腸などの内臓が収まっているところ」（『明鏡国語辞典』）と書かれています。注目したいのが「胃腸などの内臓」という部分です。腹というのは、いうなれば内臓です。

感情はどこから来ているかというと、普通に考えれば脳ですよね。しかしもっと本能的なものとしては、人間の感情は内臓から来ているとも言われています。

だからこそ、「腹が立つ」「腹におさめる」「断腸の思い」「肝を冷やす」というような、意識や感情と内臓が結びついた言葉が数多くあるのです。

そんな内臓の中でも、特に注目すべきは「腸」です。最近は、健康とも深く関わっている腸に関する書籍も数多く出版されています。

人間の本質は「管《くだ》」

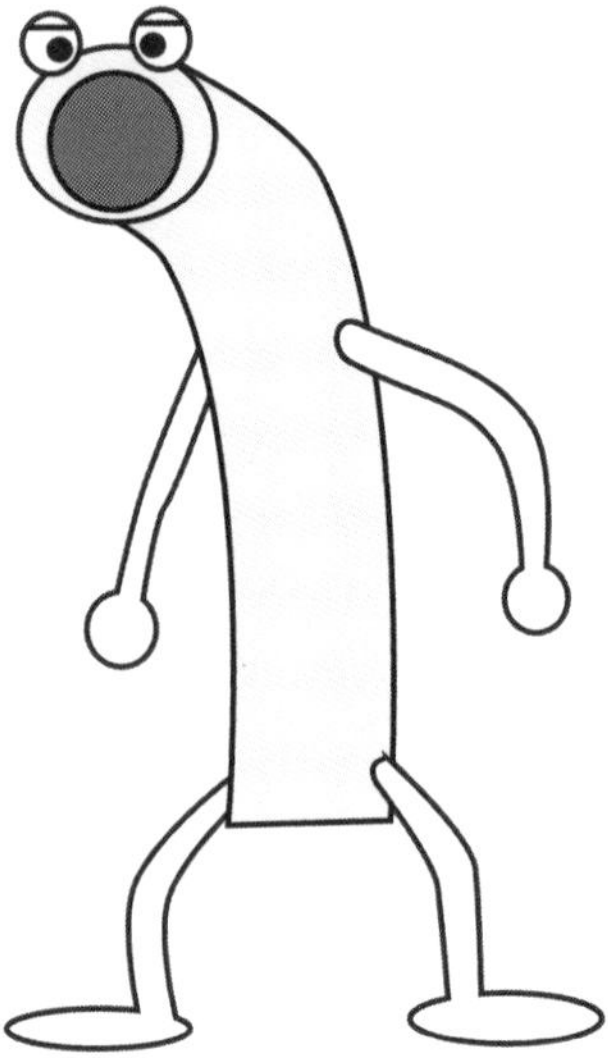

人間において脳の役割は大きいし、一番重要な部分であるとも言われます。ただ、その脳でさえも、生命の進化の順番でいえば腸のほうが先なんです。そういう意味で、人間は本質的には腸を中心とした「管《くだ》」であり、その管に脳や手足など後からいろいろなものがついてできたのが人間の身体なんです。

最近、原因不明の便秘や下痢を引き起こす過敏性腸症候群に悩まされている人が多いそうです。その原因の一つに挙げられているのがストレスです。

実際、緊張しすぎてお腹をくだしたりトイレが近くなるという経験は、誰でもあると思います。ストレスや感情の変化は、脳よりも腸のほうが敏感に感じ取っていると言えます。

頭の中で考えたことは理論的ですが、常識の枠を超えることは難しいでしょう。それに対して腸は、脳とは違ってもっと直感的な感情を持っていると言えます。

実際、第六感とか直感という言葉を英語では「gut feeling」と言いますが、この「gut」は内臓とか腸を表しているのです。

そんな腸や内臓を含む腹は、精神的な部分に大きく関わっているといえます。「腹を決める」「腹を割る」「腹が太い」というように、感情や思考などの心の状態を示す表現が腹に多いことは、当然かもしれません。

座禅や瞑想といったトレーニングでは、過去や未来にとらわれない「今」を感じ取るマインドフルネスの状態を目指しています。これは「腹ができている人」と言い表すことができます。そういえば、「ハラ」の「ハ」と「ラ」の文字を上下に足すと「今」になるというのも面白い偶然ですね。

そんな座禅や瞑想でも、丹田を使ったイメージや呼吸法などが数多くあることを考えると、丹田と腹も非常に結びつきが強いと考えて良いと思います。

丹田は、肉体に働きかける面と精神に働きかける面の両方を兼ねたものであり、心と身体がバラバラにならないように一つに結びつけるための存在ともいえます。昔の剣術家が禅の修行を併用したというのも、肉体の修行と精神の修行を分けて考えたのではなく、心身の統一が目的だったのかもしれません。

本来、心と身体というのは不可分であり、身体のトレーニングをすればするほど、ちょっとした心や感情の変化が身体のパフォーマンスに影響することが実感できます。

心の動揺やプレッシャーは身体の動きをぎこちなくするし、精神状態が高まると普段以上にパフォーマンスを出すこともできます。スポーツの世界でも、トップレベルのアスリー

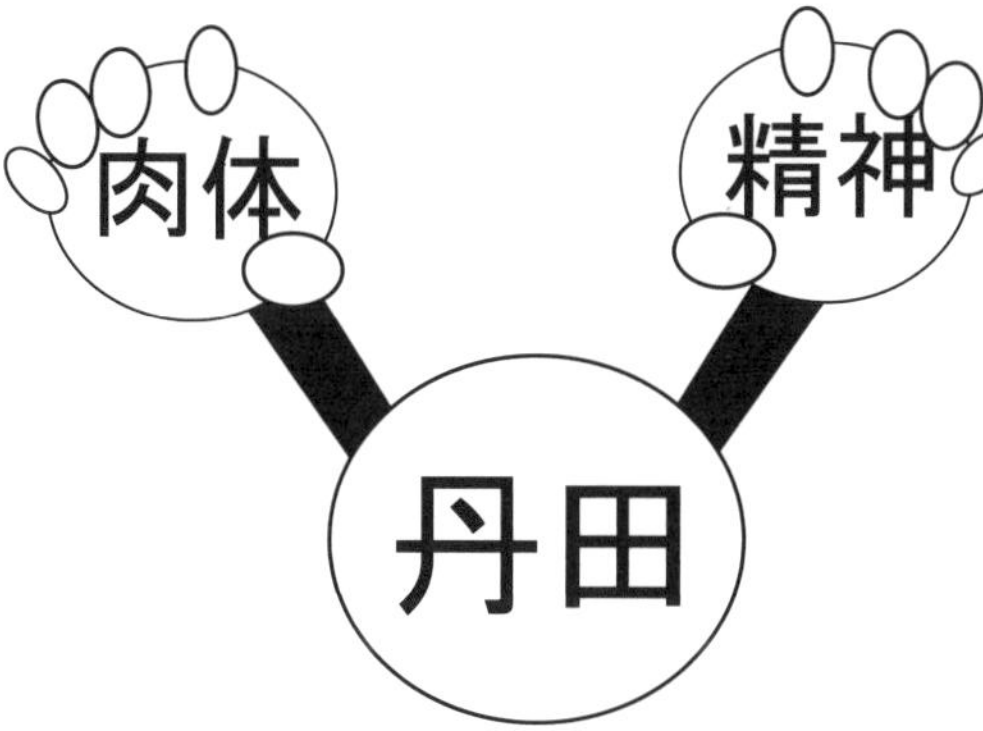

丹田は、精神と肉体を結びつけてくれる存在。

トになると身体的レベルにはほとんど差はなく、最終的にその差を分けるのは意識レベルの差と言われます。

丹田のトレーニングの一つとしても、座禅や瞑想の効果は高いと思います。こうやって見ていくと、丹田というのは非常に守備範囲の広い概念ですね。

丹田を作っていくことで、肉体的にも精神的にも安定してパフォーマンスを行える身体を作ることができます。

つながる身体

大きな荷物を二人で運ぶ時、普通は声をかけながら運んだり降ろしたりすると思います。しかし、引っ越し屋さんのようなベテランになると、ほとんど声をかけなくてもお互いの動きの方向を察知して、スムーズに荷物を運ぶことができます。

社交ダンスでも、男性が女性の動きをリードしますが、男性のリードに対して女性の反応が遅れれば遅れるほど、ダンスとしての動きはぎこちなくなります。逆に、男性のリードに対してついていくというより、ぴったりとシンクロするように動いた場合は、非常に綺麗に見えると思います。それが、まさに息の合った動きといえるでしょう。

このようなシンクロした状態を、「つながる」と表現します。これはスポーツなどの運動にかかわらず、他人とのコミュニケーションにも通じる部分で、息が合った状態、シン

息ぴったりの引っ越し業者や社交ダンス

クロした状態です。
つながるという感覚は、どういうものなのか。その感覚を養うためのエクササイズをしてみましょう。
誰かに手首をつかんでもらい、ゆっくりといろいろな方向に歩いて移動してもらいます。手首をつかまれた人は、相手の動きにピッタリとついていくのですが、つかまれている手首はなるべく意識しないでください。意識するのは、自分のドローン丹田と相手のドローン丹田だけです。
相手が動き出した時は、相手のドローン丹田と全く同じ方向に、自分のドローン丹田を動かしていきます。前でも後ろでも横でも、

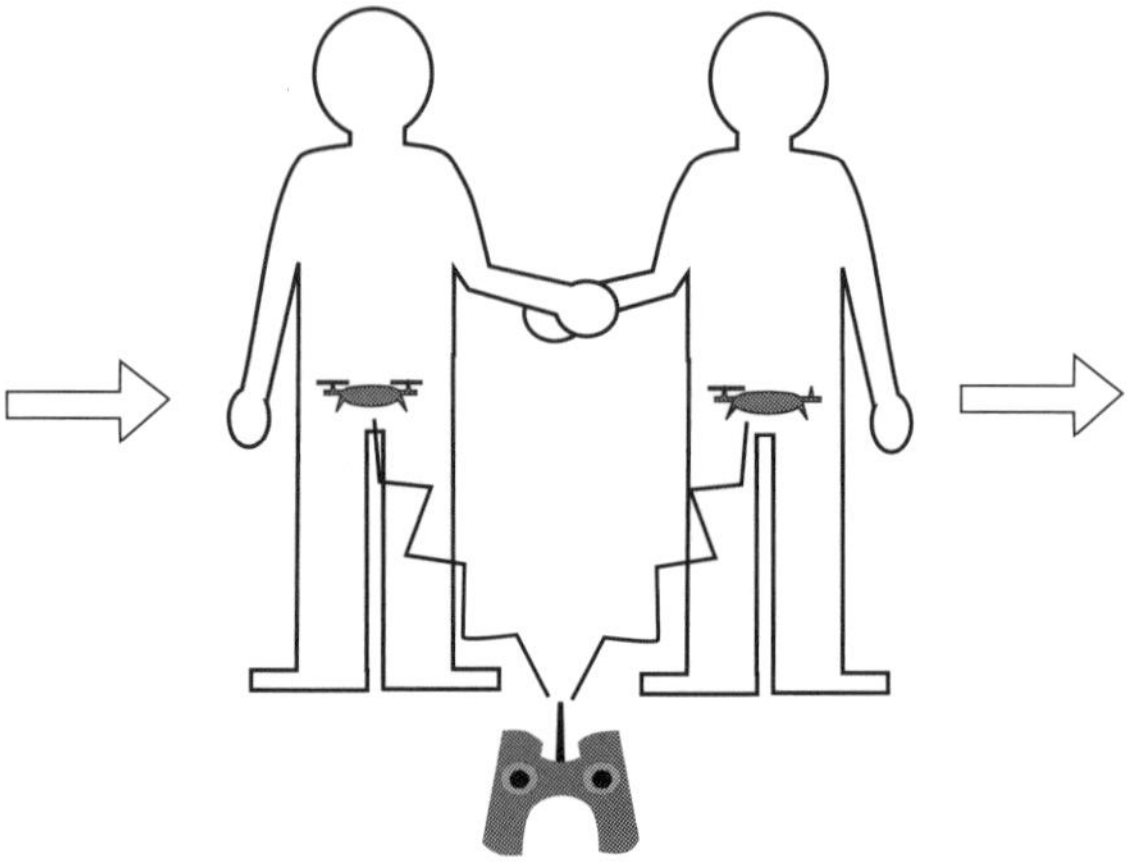

あたかも同じコントローラーで移動するように、相手の動きにぴったりついていく。

相手がしゃがんだ時はその下方向に動いたドローン丹田に自分のドローン丹田もついていきます。

注意として、なるべく身体の力を抜いてリラックスした状態で、自分と相手のドローン丹田だけを意識しながら行ってください。

文字だけでこのトレーニングの感覚を伝えるのは難しいのですが、この動きを繰り返していると、段々と相手のドローン丹田についていくというよりも、相手が動こうと思ったのとほぼ同時に動き出すようにシンクロしてきます。

動きを導いているほうも、自分が相手を動

かしているというよりも一緒に動いているような感覚、もしくは逆に相手に動かされているような感覚すら出てきます。それはまるで、自分と相手のドローン丹田を一つのコントローラで同時に動かしているような感覚です。

これが相手と「つながった」状態です。ここまでくると、もしさっきまで相手のドローン丹田についていった人が突然、自分の行きたい方向にドローン丹田を動き出すと、相手がその方向についてきはじめるのです。

「嘘だ〜!」と思われる人も多いと思います。しかし、前述したように荷物を運んだり社交ダンスをしたり、または武道の稽古において、相手とぴったり波長が合った時には、どちらからともなく動きが一致するという感覚は、皆さん一度は味わったことがあると思います。

丹田のつながりとは身体的なシンクロだけでなく、意識のつながりという面も持っています。日常でも、相手の言っていることが言葉にする前にわかったり、自分の考えが相手に言う前に伝わったりした経験はありますよね。

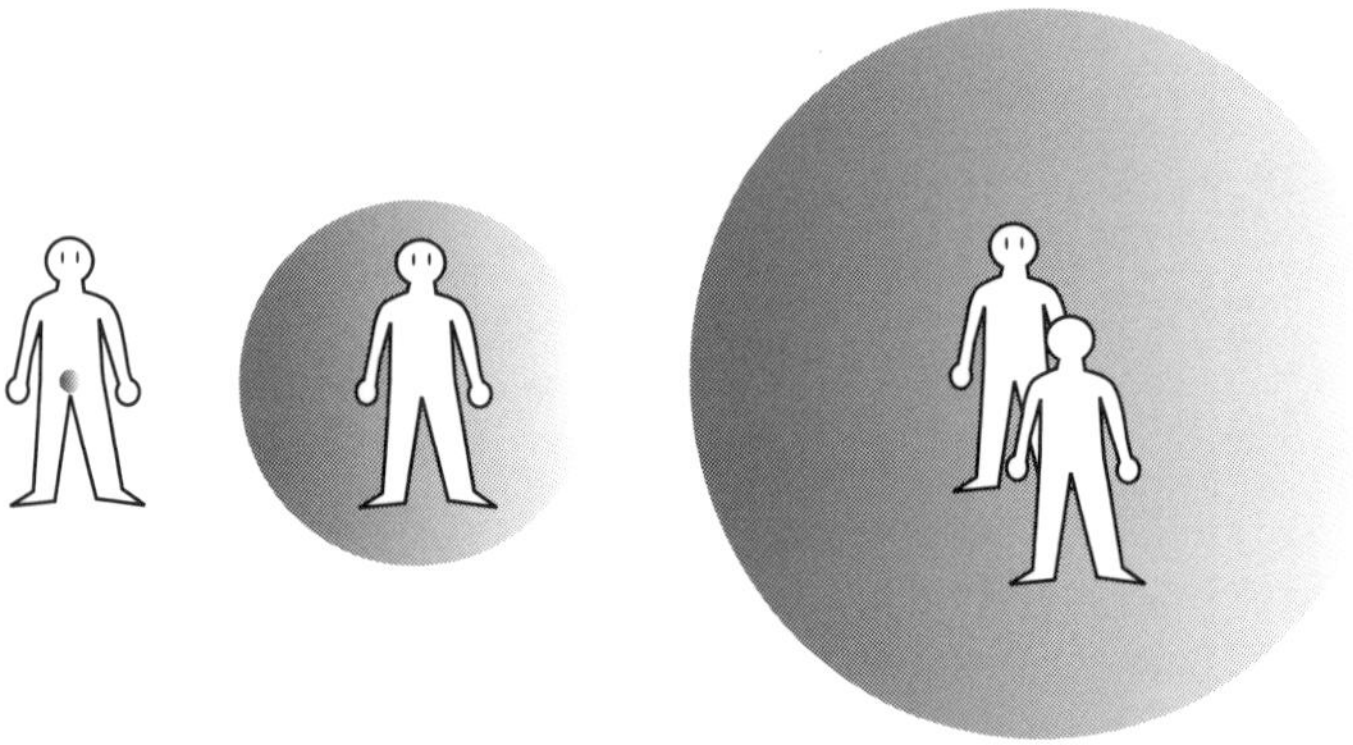

相手を包み込むような大きなエネルギーとして、
丹田を感じることもできる。

つながるというのは、相手の意識と身体の共有、共感のようなものです。言葉によらず互いの心から心に伝えるという意味で、「以心伝心」という言葉があります。丹田をコントロールできるようになると、このように相手との意思疎通にも大きく影響を与えられるようになるのです。

このように、相手とつながった状態という感覚が広がってくると、自分の丹田と相手の丹田という区別もあまり関係なくなります。

丹田は、ドローンのような小さな物体のようにイメージすることもできれば、自分と相手の全部を包み込むような大きなものとイメージすることもできるのです。

つながる感覚があれば、自己と他者という区別は薄れていきます。なので、相手に対して「何かしてやろう」とか「やり込めてやろう」なんていう気持ちは出てこなくなります。相手もまた、自分のようなものなのですから。

真心という意味を持つ「丹心、丹誠」という言葉があり、真心を込めて行うことを「丹精」という言葉で表します。丹のある人になりましょう。

場を感じる

ちょっとだけ物理の話をします。

物理学では、この宇宙全体には「重力」「電磁気力」「弱い力」「強い力」の四つの力があるとされています。このうち人間に感じることができる力は、重力と電磁気力だけです

人間磁石

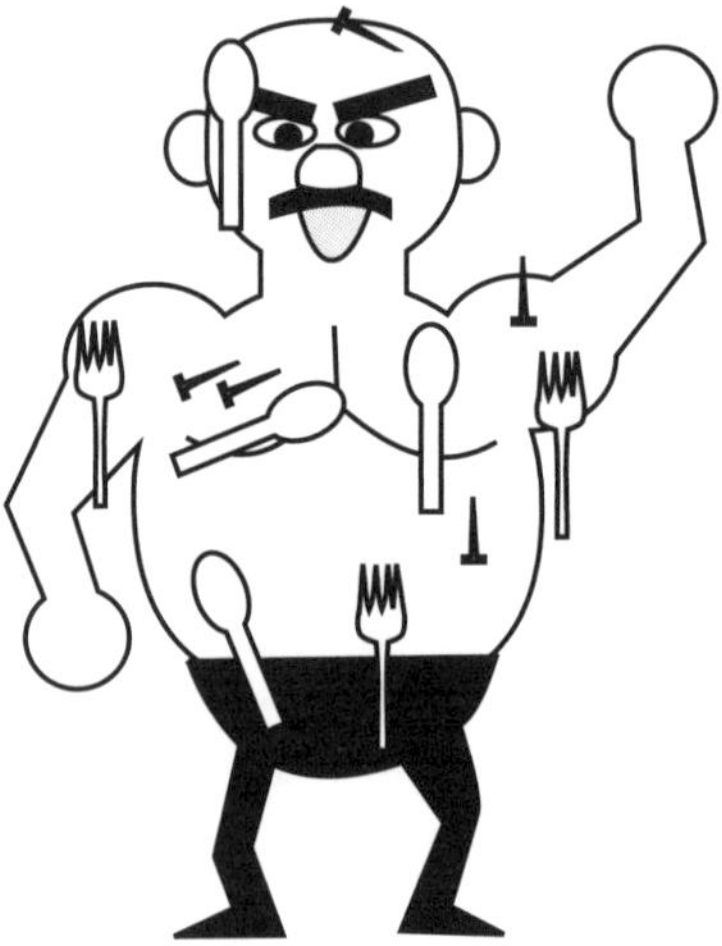

ので「弱い力」「強い力」については脇に置いておきます。

ポイントは、電気と磁気は物理学的には同じ性質のものであるということです。鉄にコイルを巻いて電流を通せば磁石になるし、磁石を動かすと電気を発生させることもできます。

人間が感じ取れるのは重力と電磁気力であるなら、身体に起こる反応などは重力を除けば全て電磁気力で説明できることになります。

人間の身体は電気で動いています。だからこそ、心電図や筋電図等で身体の状態を調べることができるわけです。

電気と磁気が同じものならば、人間の身体は磁気で動いているという言い方もできますし、人間は大きな磁石といっても良いかもしれません。「人間磁石」といって身体に金属をくっつける人をテレビなどで見たことがあるかもしれませんが、人間の身体が磁気を帯びていると考えれば、十分にあり得る現象です。

人間の身体が電磁気で動いていると考えれば、身体の不調は電磁気の乱れという考え方もできます。実際、身体の不調は静電気や電磁波などの電気を溜めていることから起こるので、過剰な体内電気をアーシングして身体の状態を良くするという考え方があります。

最近の医学的な研究では、身体の不調には全て慢性炎症が関わっているといわれます。炎症というのは、身体が起こす免疫作用です。だから、体調を崩した時に発熱するのは、身体を治そうとする正しい免疫反応による炎症作用です。

しかし、この免疫が正しく働かないと身体の中に慢性的な炎症が起こり、それが様々な病気を引き起こします。代表的なものにアトピーやリウマチなどがあります。最近は糖尿病や高血圧、その他のあらゆる病気においても、この慢性炎症が関わっているといわれています。

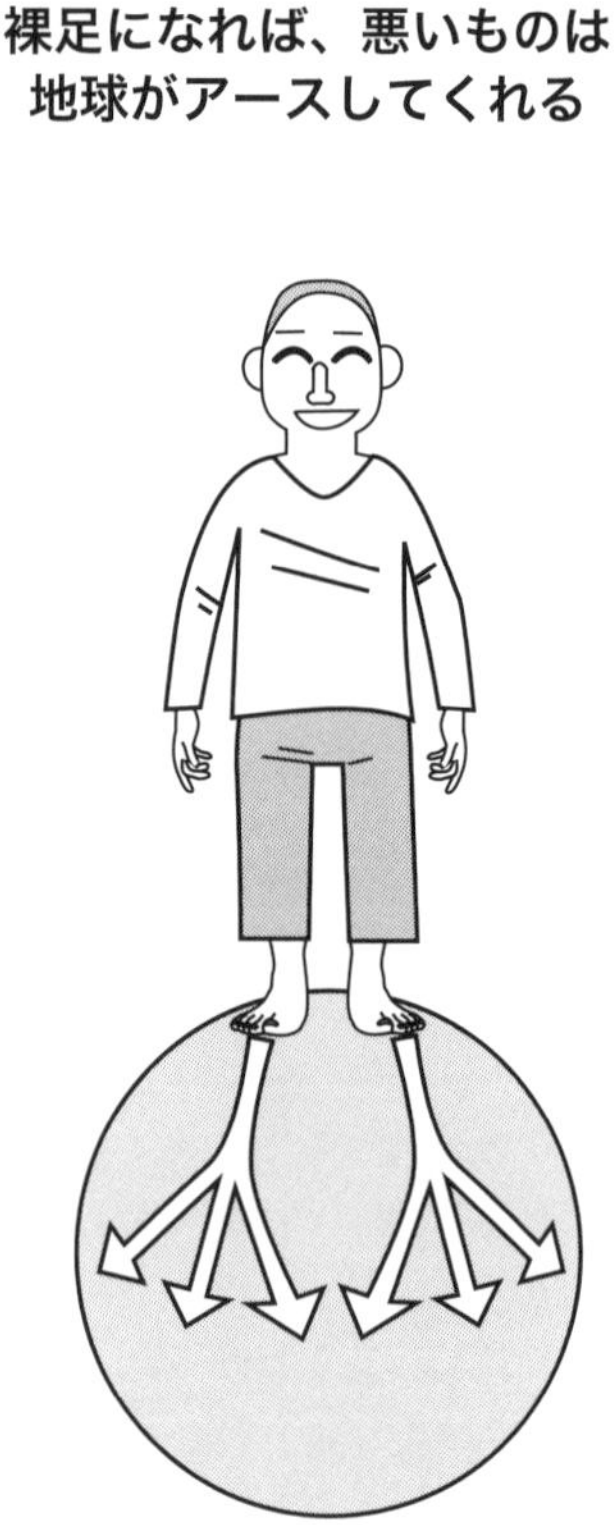

裸足になれば、悪いものは
地球がアースしてくれる

アーシングは、身体の炎症を取り除く効果があるといわれます。日本人は室内では靴を脱いで生活しており、アーシングという考え方からすればとても良いことです。

逆に、外国では室内でも靴を履く生活様式なので、アーシングされずに身体の不調が起こりやすいとも考えられます。

日本の畳による裸足の生活は非常に優れた文化であり、日本人にとって畳の部屋は落ち着く空間なんだと思います。家の中で穏やかに死ぬことを「畳の上で死ぬ」なんて表現もありますからね。

話を戻しますが、電磁気は電場、磁場といって、周りの空間にも力が及んでいます。むしろこの空間こそが電磁気の本質とも言えます。

磁場については、磁石の周りに砂鉄をまくとできる模様を見たことがある人は多いのではないでしょうか。このように見える状態にすれば、なるほどと思いますが、実際には「場」というものは目に見えません。

地球はそれ自体が大きな磁石であり、地球の周りには磁場が張り巡らされているからこそ、方位磁石で方角を知ることができるのです。

電磁気で動いている人間の身体にも、当然、電場、磁場が存在しています。耳やおでこで測る非接触の体温計は一体何で体温を調べているのかといえば、人間の出す電磁波（赤外線）で温度を計測しています。

触れずに演奏できるテルミン

またテルミンという楽器は、人と楽器の間にある静電容量の変化により、触れずに演奏することができます。このように身体というものは、実は接触していなくても外部に何らかの影響を及ぼしています。

気とかオーラとか目に見えないものが実際にあるかどうかはわかりませんが、少なくとも電場や磁場の存在を否定できないとすれば、人間の身体は皮膚という境界線の外にも何らかの場があり自分の力が及んでいるはずです。

人に引きつけられるとか威圧感があるというのも、場の感覚の一つかもしれませんし、そういった「場」を感じたりコントロールする場所の一つが「丹田」なんです。

丹田を使いこなせる人は、自分を中心とした場に影響を与えます。その人がいると場がまとまる、場が楽しくなるというような、場の影響力を強く持てるのです。そしてそういう人は、常に場の雰囲気を感じ取り、周りにも気配りができる人なんです。

武道などでよく使われる「間合い」という言葉の「間」も、「場」という言葉と同じような意味です。ただし、場が空間全体を表すのに対して、間は特定の対象物に対してのつながりを示しています。自分と相手、その間を合わせる感覚が間合いです。

スポーツなどにおいても、一対一の競技の時は間合いがとても大事ですが、サッカーやバスケのようにグループ競技の場合は、全体の距離感をつかむ場の感覚が大事です。

間と場の使い分けはどうすれば良いのかと聞かれれば、「時（間）と場合によりますね」と答えるしかないですね。

おわりに

自転車にはじめて乗れるようになった時のことを覚えていますか？　自転車に乗れた時、とても嬉しくてワクワクしたのではないでしょうか。

人間は生まれた時は何もできない。でも、できないことを悩んだり悔やんだりはしません。全てのことが新しい学びだからこそ、一つ、また一つとできるようなることが喜びになり、それが人を成長させるのです。

子供が毎日ワクワクできるのは、あらゆることが新しい発見や気づきだからです。「はじめて」という体験はとても貴重だから。

すごく笑ったコントを2回目に見た時は、最初と同じほどには笑えないし、推理小説を2回読んで最後のどんでん返しでもう一度びっくりすることもないでしょう。

人間は多くのことを記憶するからこそ、同じ失敗を避けたり、物事を予想して計画することができるのだから、それは悪いことではありません。

でも、ワクワクしたり夢中になれることがなくなったら、人は成長が止まってしまいます。身体にずっと向き合ってきて実感するのは、身体というのは自分の想像をはるかに超える可能性を秘めており、まだまだ自分が知らない「はじめて」が詰まっていることです。立つ、歩く、座る、物をつかむ、そんな何気ない動作を今まで何百回、何千回やってきても、いまだに「はじめて」に出会えます。そんな「はじめて」に出会えた時の嬉しさとワクワクは、まるで目の前の霧がサーッと晴れたような爽快感があります。その嬉しさとワクワクがあるからこそ、日々が成長につながるのです。

この本を読んだ皆様には、今まで「知っている」と思っていた自分の身体の、「はじめて」に出会ってほしいと思います。ぜひ、自分の身体にワクワクしてください。

この本で身体の全てのことを書き尽くしたわけではありません。まだまだ書き切れなかったこともあるし、これからの自分の身体の変化によって、伝えたいこともさらに増えてくると思います。それでも、ずっと変わらない原点は身体の面白さや楽しさです。

この本を読んで、身体の面白さ楽しさに気づいていただけたなら、とても嬉しいです。語り尽くせぬ想いは、またいつか文字にして皆様に届けたいと思います。

あなたは身体に「夢中」になれますか？　それとも「霧中」のままですか？　今回はこれで終わりにしようと思います。そろそろ、「キリ」が良さそうですから。

著者◎広沢成山　ひろさわ せいざん

八光流柔術・三大基柱拾段師範、鍼灸師、皇法指圧師。1970年生まれ。少林寺拳法、中国武術を学んだ後、1993年、八光流柔術に入門。1999年に八光流柔術師範、2000年に皆伝・基柱師範を取得。2009年、八光流柔術の稽古会をスタートさせ、2010年、千葉県の馬橋にて道場を開く。現在、「八光流柔術豊和会」を主宰し、千葉、東京で指導している。毎月100冊の読書と毎日2時間の身体トレーニングを欠かさず続ける。主な著書に『柔術の動き方「肩の力」を抜く！』がある。

Twitter
「Dr.（読多一）あんころ猫@ 100冊 / 月」
https://twitter.com/ankoroneko

本文イラスト● 広沢成山
本文デザイン● 澤川美代子
装丁デザイン● やなかひでゆき

脱力のプロが書いた！
「動き」の新発見
世界一楽しくわかる極意書！

2021年3月1日　初版第1刷発行
2022年6月20日　初版第3刷発行

著　者　　広沢成山
発行者　　東口敏郎
発行所　　株式会社 BABジャパン
〒151-0073 東京都渋谷区笹塚 1-30-11　4・5F
TEL　03-3469-0135　FAX　03-3469-0162
URL http://www.bab.co.jp/
E-mail　shop@bab.co.jp
郵便振替 00140-7-116767
印刷・製本　　中央精版印刷株式会社

ISBN978-4-8142-0373-4 C2075